ESで
離職率1%を
可能にする
人繰りの
技術

太陽出版

はじめに……「資金繰り」から「人繰り」の時代へ

「企業は人なり」

新旧問わずこれまで多くの経営者たちがモットーとし、経営資源として「人」の重要性が繰り返し唱えられてきた。企業にとって、人は財産であり、だからこそ優秀な人材の獲得、入社後の教育が重要だと。

そして今、人材の質はもちろんのこと、単純に人手の絶対数を確保するという部分においても、深刻な事態に陥ってきている。

人手が確保できないことで、24時間営業や365日営業をあきらめたり店舗自体を閉店させるなど、単純に必要なマンパワーが確保できないことが大きな障害となり、経営戦略が遂行できない事象が出始めており、「資金繰り」よりも「人繰り」が経営課題になってきている。

実際に人手が確保できないことが要因となり、企業の命が奪われてしまう「人手不足倒産」も増加の一途を辿っている。

まさに超人手不足時代に突入し、企業としてもその対策として賃金アップや残業の削減また休日増加など、人材の定着率を高めるために、従業員の待遇改善等に手を打ち始めている。

しかし、残念ながらこれらの施策はまったく意味を成さないとまではいわないが、どちらかというと効果性の低い施策の部類に入るものがほとんどだ。

当然、これらは他と比較しあまりにも劣悪だとＥＳ（従業員満足）を低下させしまう要因になってしまうが、従業員のやる気を引き出すような、ＥＳ向上の効果を持たせるような施策には成り得ないのだ。

ＥＳの講演やセミナーを全国各地で行っているが、受講アンケートで良く目にするのは次のような感想だ。

「講演を聞く前はＥＳを改善・向上させるには、賃金や休みなど従業員の待遇改善しか方法はないのではないかと思っていましたが、そうではなくほかにもっと様々な着眼点やアプローチ手法がある、ということが分かりとても勉強になりました」

人手不足を背景に、ＥＳに取り組む企業は年々着実に増えており、ＣＳ（顧客満足）に比べ、ＥＳはまだ市民権を得ているというところまで、広く浸透しているわけではないが、ＥＳへの認知度が確実に高まっていることは間違いない。

しかしＣＳに比べＥＳは、まだ歴史も浅く取り組み事例や情報が豊富に流通しているかというとまだまだであり、ＣＳのような単純な方程式で解説できるものでもない。

ＥＳへの機運は高まっている中、ＥＳに取り組まなければいけないと考えてはいるものの、どう具体的に進めていけば良いか分からず足踏みをしている企業が多かったり、ESへの取り組みを開始しているもののツボを外した運用で落とし穴に落ちてしまい、その穴からなかなか抜け出せない会社もあるようだ。

本書では3部構成となっており、第1部で抽象的でつかみどころが難しいESの正しい捉え方や効果的な実態把握の方法について、第2部では実際ES向上に取り組み離職率1％を実現するなどES向上の企業事例について、第3部では汎用的なES向上のための施策立案や実施のヒントについて、できるだけ分かりやすく示してみた。

経営の目的を一言でいうと、それは、人や社会を幸せにすることではないだろうか？　そのために企業や組織は存在している。また幸せにする対象には顧客だけではなく、従業員も含まれる。

人には「自分がしてもらったことは、今度は自分もしてあげよう」という返報性がある。ESに取り組むことで経営の好循環サイクルが回り始め、企業や組織を取り巻くすべてのステークホルダーを幸せにしていくレールが敷かれていく。

本書があなたの会社でES向上を検討したり、具体的なアクションを起こすきっかけやヒントになると幸いだ。

ＥＳで離職率１％を可能にする人繰りの技術

◇目次

第2部 11社のキラっと光るES向上企業事例

第3部 ES向上へ確実に導く10のメソッド

第１部　ＥＳ向上で経営の好循環サイクルは創れる

従業員に選ばれる職場づくりが急務

「人繰り」が経営を大きく左右する時代に突入

「佐藤部長、大変です！」

「どうしたんだ、鈴木さん？」

「先日Ａ株式会社に業務依頼した案件が、今回は対応できないといって断りの連絡があったんですよ」

「はあ～、何でだよ！」

「Ａ株式会社も人手不足が深刻なようで、受注調整をしなければいけないようです」

「それは困ったな～、ほかに依頼できる会社がないか至急調査してくれ。しかしほかも人手不足でなかなか難しいかもな……。今後は購買や外注など、当社の業務をアウトソーシングする様々な取引先に、当社の依頼だったら引き受けたい、と当社を選んでもらえるような会社でないといけないないなー」

「人繰り」がうまくいかず、近い将来このような会話が現実に起きるかもしれない。

これからは「顧客」だけではなく、「従業員」と「取引先」にも選ばれる会社にしていかなければ生き残れない、超人手不足の経営環境が加速していくことになるだろう。

現に人手不足が、経営の足かせとなるにとどまらず、会社の命をも奪っているのだ。

帝国データバンクによると、従業員の離職や採用難を理由とする人手不足倒産は、２０１７年上半期に49件となり、前年同期比44％増え、調査を始めた13年上半期の２・９倍に達した。業種別では、建設業やサービス業のほか運輸・通信業などでも急増しており、今後人手不足を理由に計画どおりの売上高を確保できず、会社の命をも奪われる人手不足倒産の増加が懸念される。

かつてレアアースが話題になった時期があった。レアアースは、ハイテク製品に必要不可欠な元素で希少性が高い上、日本は大半を中国からの輸入に依存していたが、２０１０年９月に尖閣諸島（中国名：釣魚島）近海で起きた漁船衝突事件をきっかけに、中国は輸出規制を行い、レアアースの確保に大きな危機感を抱いた。

今あの時以上に深刻なのが人材のレア化であり、日本国内の人的資源では事足りず、人材を輸入（外国人労働者の雇用）してまで調達しないと、事業活動が成り立たないほど「人」が希少な経営のレア資源となりつつある。

実際に都内の飲食店など、店長以外の従業員が全て外国人という店ももはや違和感などなく、むしろ当たり前になってきた。

あなたの会社の、「人繰り」はどうだろうか？

「人手不足で頭を抱えていて……」そんな声が聞こえてくる会社もあるかもしれないが、日本はかつて経験したことがない未曾有の超人手不足時代に突入してしまった。

これまでもバブル経済期など、人手不足に陥った時期を日本企業は経験したことはあるが、これらの時期を超える人手不足に陥っている現状が先日発表された。

厚生労働省が２０１７年８月に発表した２０１７年７月の有効求人倍率（季節調整値）は、１・５２倍とバブル期で最も高かった１９９０年７月の１・４６倍を０・０６ポイント上回り、１９７４年２月以来43年５か月ぶりの高さとなった。

有効求人倍率は、全国のハローワークで仕事を探す人１人あたり何件の求人があるかを示すものだが、正社員に限っての有効求人倍率は１・０１倍で２００４年に統計を取り始めて以来最高だった。

ＷＥＢ上での求人媒体などハローワークを経由しない求人まで含めると、実際の求人倍率はもっと高く、採用が困難を極め、雇用情勢はますます「売り手市場」の様相を強めている。

しかし、例えば〝日本一のホワイト企業〟と称される未来工業では、工場の欠員２名に対して、全国から５００名の応募があったということなので、この場合求人倍率は０・００４倍となり、このような人気企業になると一般的な有効求人倍率はまったく当てはまらない数字になる。

その一方、10名の募集を出しても１名しか応募がなければ求人倍率は10倍となり、求人倍率は会社によって大きく変動する性質がある指標である。

求人倍率の高低が10年後の企業成長力を決める

ではなぜこのように会社によって、求人倍率

図1：有効求人倍率の推移

有効求人倍率は43年5か月ぶりの高水準

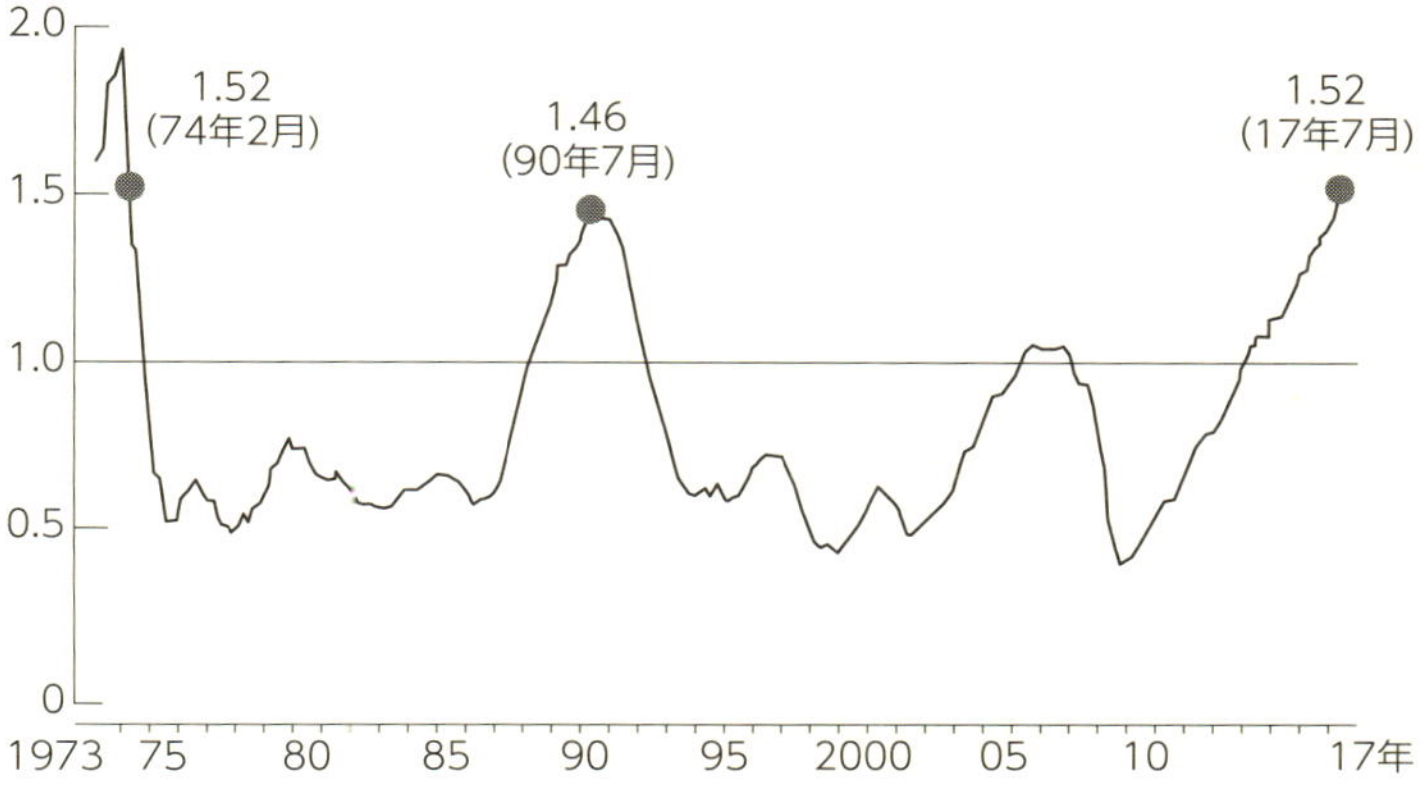

の数値に何桁という大きな開きが出てしまうのだろうか？　給与が何倍・何十倍も違うのか？　就業時間などの労働条件が極端に違うのか？　というと決してそうではない。

それはＥＳ（従業員満足）をしっかりとマネジメントし、顧客だけではなく、従業員からも選ばれる会社づくりを行っているのかどうかが、結局のところ求人倍率の差になって表れてくるのだ。

また人手が足りないからといって、どんな人材でも採用していいのかというと決してそうではない。トラブルを起こすような問題社員を採用してしまうと、経営上は逆にマイナスとなる。優秀な人材をきちんと見極めた採用が、必要不可欠ではあるが、求人倍率が高くなればなるほど、そのような採用が現実的に難しくなり、良い人材が採用できず、かえって職場が混乱したり生産性の悪化につながることもある。

逆に求人倍率が低くなればなるほど、たくさんの応募者の中から、これという人材を選べるわけだから、優秀な社員を採用できる確率が高まる。

すなわち、この求人倍率の高低が優秀な社員の採用を左右し、この差が10年後・20年後に企業の成長力の差になってくると考えなければならない。

これまでは、顧客に選ばれる会社づくりを考えておけば何とかなる時代だったが、これからは、従業員に選ばれる職場づくりも同時に考えなければならない時代となった。

国が掲げる働き方改革や、２０１６年の電通事件をきっかけに、残業を含めた従業員の働き方について、現在様々な企業で見直しが始まっている。

例えば３６５日営業や24時間営業の飲食業では、人手が薄い中で、これまでの営業体制を継続させることは、より良いサービスが提供できないことで引き起こされる顧客満足の低下と、従業員の疲弊による生産性低下につながってしまう。

またこれからの新規採用でも、これらが会社の弱みになってしまうということで、店休日を増やしたり営業時間を短くするような取り組みが進んでいる。某大手百貨店では正月三が日の一番の書き入れ時に店休日を増やし、目先の売上・利益よりも従業員の休暇を優先させることで人材確保の施策の1つとして段階的に実施しながら、一定の効果を上げている。

このように、経営課題が「資金繰り」から「人繰り」にシフトしてきており、今後も新しく労働市場に出てくる生産年齢人口（15～64歳）は増えていかないため、長期にわたり人手不足が慢性化し、場合によっては人手が確保できず、人手不足倒産に至ってしまうケースがこれから増えてくる可能性がある。

日本企業は、バブル崩壊後に長らく人手余りの時代を過ごしてきたことで、人手不足の現状に戸惑い、またかつてのように都合の良い時に安い労働力を確保することができるのではないか、と淡い期待を持っている経営者もまだいるかもしれないが、長時間労働に頼ったかつてのビジネスモデルはもう成り立たなくなり、そのような認識はきっぱりと捨てなければいけない。

まずは既存従業員の定着率向上が必須

これからの人手不足時代を乗り切るためには、まず足元を固めるべく既存従業員のESをマネジメントした定着率向上が、必要不可欠になってくる。

ES低下における従業員が最後に切るカードは何かというと、それは「不満退職」というカードになるからだ。

また1人の従業員の、ESが低下し不満退職したことが、次にどんな事象を引き起こしていくのかというと、そのことで職場の人手は薄くなり、既存従業員の業務負荷が増大してしまう。

ここですぐに新しい人材を採用できれば、一時的な業務負荷の高まりは生まれるもののまだカバーできるが、これがスピーディーにできないと、既存従業員の業務負荷が増大している状態が長らく続き、もともとESが高かった既存従業員のESもやがて低下していき、次の退職予備軍を形成してしまう。

これらが最終的には職場全体のESを低下させ図2の左にあるように、ES低下がきっかけとなり、経営の悪循環サイクルをつくってしまうことになるのだ。

これとは逆に、ＥＳが向上することによって、図２の右のような、経営の好循環サイクルをつくることも可能になる。

ＥＳが向上することによって、従業員はポジティブな姿勢で仕事に向き合うことができ、仕事のプロセスとして代表的な生産性に１次的な好影響を与える。

これが次の仕事のアウトプットである顧客サービスや品質に２次的な好影響を与え、最終的には仕事や会社の評価となるＣＳ（顧客満足）や売上・利益といった経営成果につながっていく。

この経営成果が高まれば、必然的に職場環境のソフト面（職場の雰囲気）やハード面（設備や機器の整備に対する予算確保が可能など）も比例して良くなるため、これらがひいては全体的なＥＳの底上げを図ることにつな

図2：ESをトリガーにした経営の悪循環サイクル／好循環サイクル

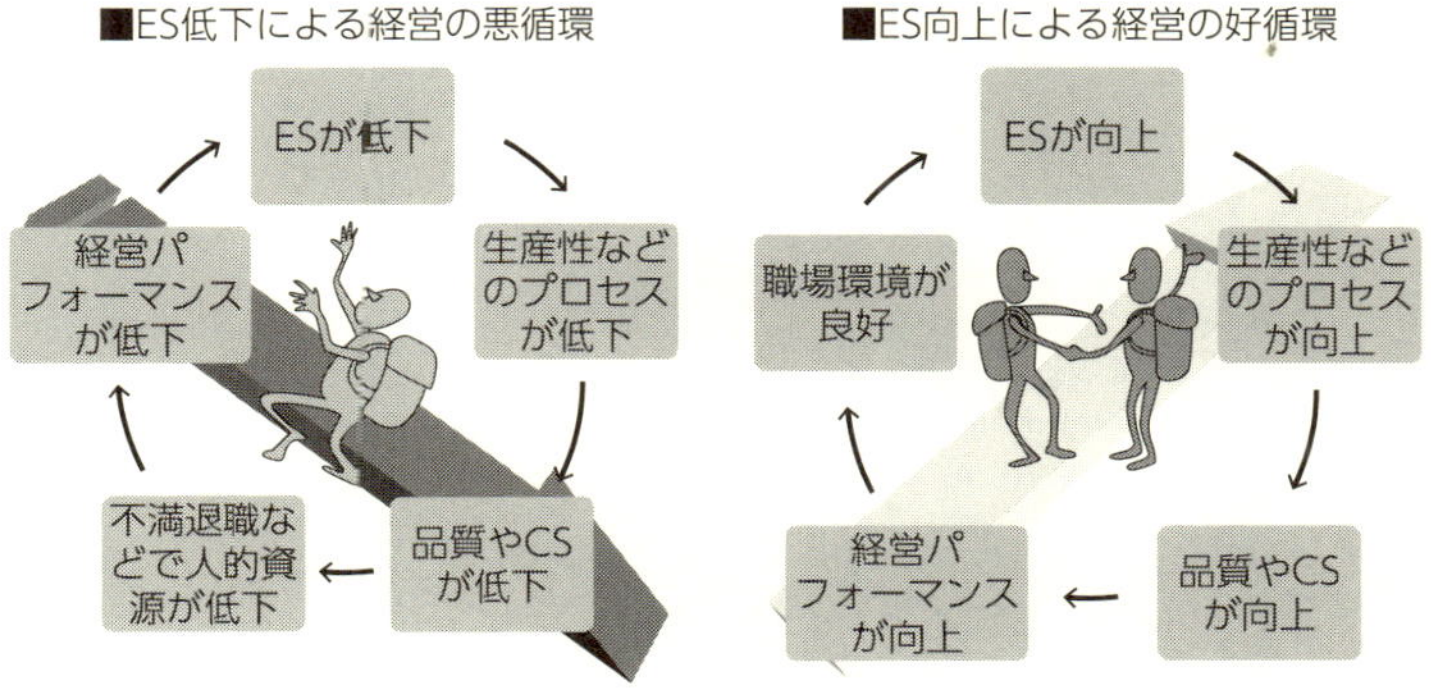

がり、ESから経営の好循環サイクルをつくることができるようになる。

未来工業のような従業員に選ばれる会社では、図2右のような好循環サイクルをつくることができ、採用活動にも好影響をもたらすことができるようになるのだ。

「ヒト」という経営資源が、今後ますます替わりの利かない希少な経営のレア資源となってきており、「従業員に選ばれる職場づくり」こそが、今最大の経営課題であるという認識を経営者が持ち、ES向上から経営の好循環サイクルづくりへの取り組みにつなげ、人繰りで困らない強固な土台の構築に、本腰を入れていく必要があるのではないだろうか？

離職率1％を実現している企業の取り組み

七五三現象と言われ、一般的に新卒の離職率が、中卒で7割・高卒で5割・大卒で3割と若年者の流動化も依然として高く、苦労して採用しても定着がうまくいかなかったり、以前は転職35歳説など転職できる年齢的な上限もあったりしたが、今40歳以上の中途採用でも十分ニーズはある。

要は従業員から見れば、今の会社を辞めても働き口はいくらでもあるわけで、今の会社で気に入らないことがあったり、他社から有利な条件を提示されれば、転職するというビジネスパーソンは枚挙にいとまがなく、今後もこの流動化傾向はますます高まることは想像に難くない。

ブラック企業という言葉もすっかり定着してしまった。

就職活動中の学生は内定をたくさんもらう中、最終的に1社に絞り込むために、夜の遅い時間に、内定をもらった会社を訪ね、部屋の明かりが点いているかどうかで残業しているか否かを確認したり、休日に電話をして、休日出勤をしていないかどうかを確認したりしながら、このようなアクションが良い悪いは別にして、自分たちで内定をもらった会社のブラック度合を検証しているような始末だ。

一方企業では人手不足の対策として人材の定着率を図ろうと、賃金ＵＰや残業削減また休日の増加や週休３日制など各社様々な施策が講じられている。

これらの施策がまったく意味がないとまでは言わないが、従業員の心にグサッと刺さる有効な施策ではないということが、残念ながら言えるのだ。

このような賃上げや休みといった、従業員の処遇や条件面に大きな手を加えずとも、離職率1％を実現し定着率の向上に成功し、人手不足を経営課題にしていない会社が実際には存在しており、これらの会社が取り組んでいるのが、ＥＳすなわち従業員満足をマネジメントしていることにほかならないのだ（ＥＳ向上の具体的な企業事例については第２部で詳しく見ていくことにしよう）。

ESで企業の経営基盤をゆるぎないものにする

「信頼残高」とESマネジメント

ESとは、社員や従業員という意味の単語であるEmployeeと、満足するという意味の単語であるSatisfactionの2つの単語を文字った造語だ。

低成長の中でどうやって従業員を動機づけていけば良いか、といった命題に対する解決アプローチとして、1990年頃から日本よりも一足先に成熟社会に突入した欧米で生まれた概念であり、2000年頃から日本でも使われ始めてきた。

顧客満足であるCSを高め、経営パフォーマンスを高めていくためには、ESも良好な状態でなければいけないという、欧米で生まれたサービスプロフィットチェーンなどの理論等で、日本でもESの概念が徐々に広がりを見せる流れがあった。

しかし近年は、ESへ取り組む動機が少し変化してきており、昨今の深刻な人手不足を背景に、人材の定着・確保のための有効なアプローチ手法として、ESに取り組む企業が確実に増えている。

私たちが伝えていきたい「ES」というのは、この単に満足・不満ということだけではなく、これらもひっくるめて、従業員と会社の関係性をより好ましいものに、より確かなものに、より強固なものにしていきながら、従業員と会社の間にある「信頼残高」を積み上げ、経営基盤をゆるぎないものにしていきましょう、ということだ。

従業員と会社との関係性が悪化していけばいくほど、従業員は聞く耳を持たなくなり、笛吹けども踊らずで、会社が思うように従業員が動いてくれない、結果として経営成果もなかなか望めない、ということになってしまう。また従業員もなかなか定着せず、人繰りで苦労することにもつながる。

一方従業員と会社の関係性が良好であればあるほど、確かであればあるほど、会社が思う方向に従業員は足並みを合わせ力を発揮し、危機に直面したとしても一致団結して困難を乗り越えることも可能になってくる。

先に「信頼残高」という言葉を使ったが、対人関係における信頼の蓄積レベルを表す言葉として「信頼残高」というキーワードがある。

信頼というのは、目には見えないものではあるが、ふさわしい行動が増えれば増えるほど、相手と自分との間にある「信頼残高」は増加していき、逆にふさわしくない行動があれば「信頼残高」はどんどん減少していくという考え方だ。

この「信頼残高」は当然多い方が良いわけで、多ければ多いほど、困った時に残高のある人から助けてもらえたり、何か新しいことをやろうとする時に協力してくれたり、フォローしてくれる。

しかし残高が少ないと、あるいは残高が無くなっていると、その逆で困っていても助けてもらえず、何かやろうとしても協力どころか足を引っ張られてしまい、周囲からの理解やサポートが期待できなくなってしまう。

これは人と人との関係だけではなく、従業員と会社の間にも同じことが言え、従業員の会社に対する「信頼残高」をしっかり積み上げさせることができていれば、事業戦略の遂行はスムーズになりCSの向上や業績のUPにつなげることができる。

しかし、今は財務的に黒字経営であったとしても、従業員と会社の「信頼残高」が赤字であれば、将来的に赤字経営に陥る可能性も出てくる。

この「信頼残高」を増やしていくためには、何が「信頼残高」の預け入れになるのか、またどんなことが「信頼残

図3：信頼残高

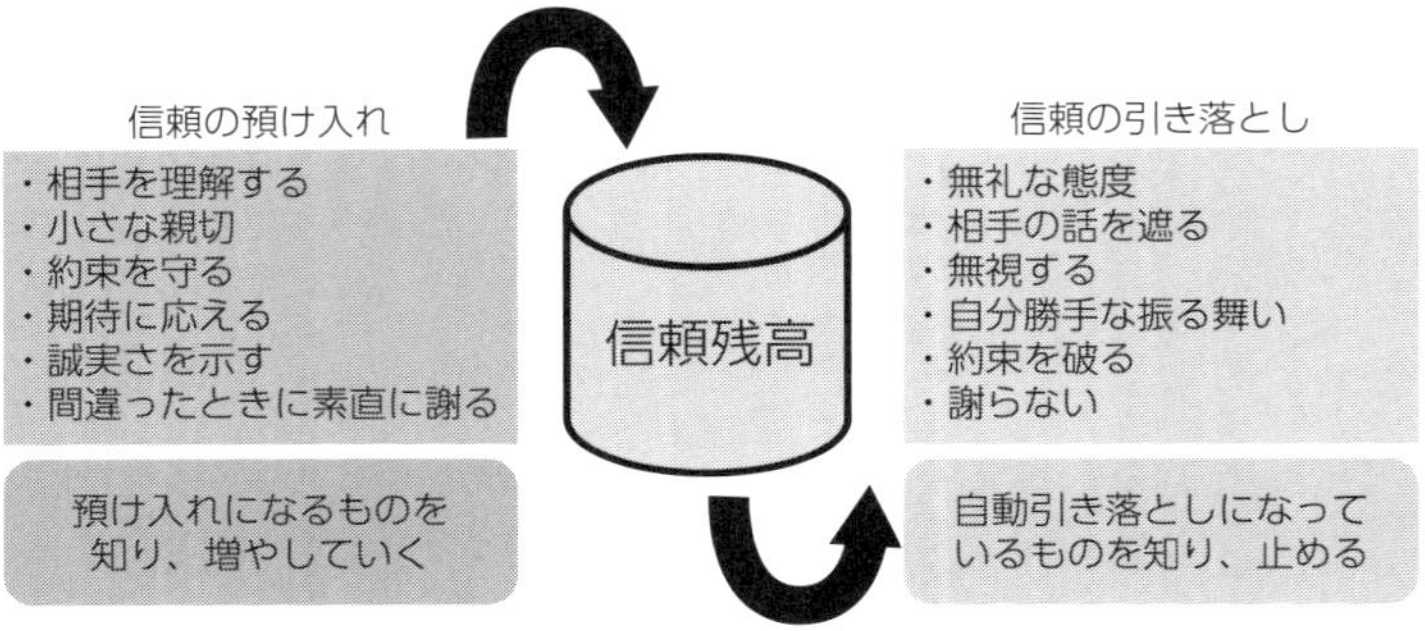
信頼の預け入れ
・相手を理解する
・小さな親切
・約束を守る
・期待に応える
・誠実さを示す
・間違ったときに素直に謝る
預け入れになるものを知り、増やしていく
信頼残高
信頼の引き落とし
・無礼な態度
・相手の話を遮る
・無視する
・自分勝手な振る舞い
・約束を破る
・謝らない
自動引き落としになっているものを知り、止める

高」の自動引き落としになっているのかを、ＥＳという観点から実態を正確に把握した上で、必要な施策を講じていけば良い。

従業員との間に確かな「信頼残高」を構築し、経営基盤をゆるぎないものにしていくために、私たちはＥＳをマネジメントすべきではないかと考えている。

ＥＳは非金銭報酬を重視

最近は大企業を中心に、中小企業においても賃上げの動きが広がってきており、とても好ましい現象の1つだと感じている。

しかし、その最大の理由は何かというと、「労働力の定着・確保」という回答が最も多いようだ。たしかに、給与を上げて不満になる人はいないので、的外れだとは言わないが、これが労働力の定着・確保を実現できる、最も優れた処方箋でないことは想像に難くない。

例えば賞与を支給されたり、給与が上がった時を思い返してほしいのだが、たしかに数時間・数日はモチベーションが上がるかもしれないが、1か月も経てばこの事など忘れ、もうそれが当たり前になってしまう。

やはり金銭報酬というのは、労働力の定着・確保という目的に対して、持続性の極めて短い興奮剤のようなもので、ベストな処方箋とは言えないというのが、これまで数多くの企業で、

ＥＳのコンサルティングを実施してきたからこそ言える当社の見解である。

少し時間はかかるかもしれないが、漢方薬のようにあとからじわじわ効いてきて、体質改善につながるような処方箋を提示し、企業経営を強化していく方向で、改善活動を展開していくべきだという観点から、当社ではＥＳをマネジメントすることを提唱している。

また働く人にとって、受け取る報酬というのは金銭的な報酬ばかりではなく、金銭以外の報酬が実はたくさんあるのだ。

もちろん金銭報酬が高いことに越したことはないが、金銭報酬はお互いに限界がある。

与える会社側は、青天井で上げ続けることは難しく、受け取る従業員側としても、たくさんもらったからといって、それはやる気やＥＳ向上に比例するものではない。

従ってＥＳを考える上では、金銭報酬よりむしろ非金銭

図4：トータルリウォード（総報酬）の考え方

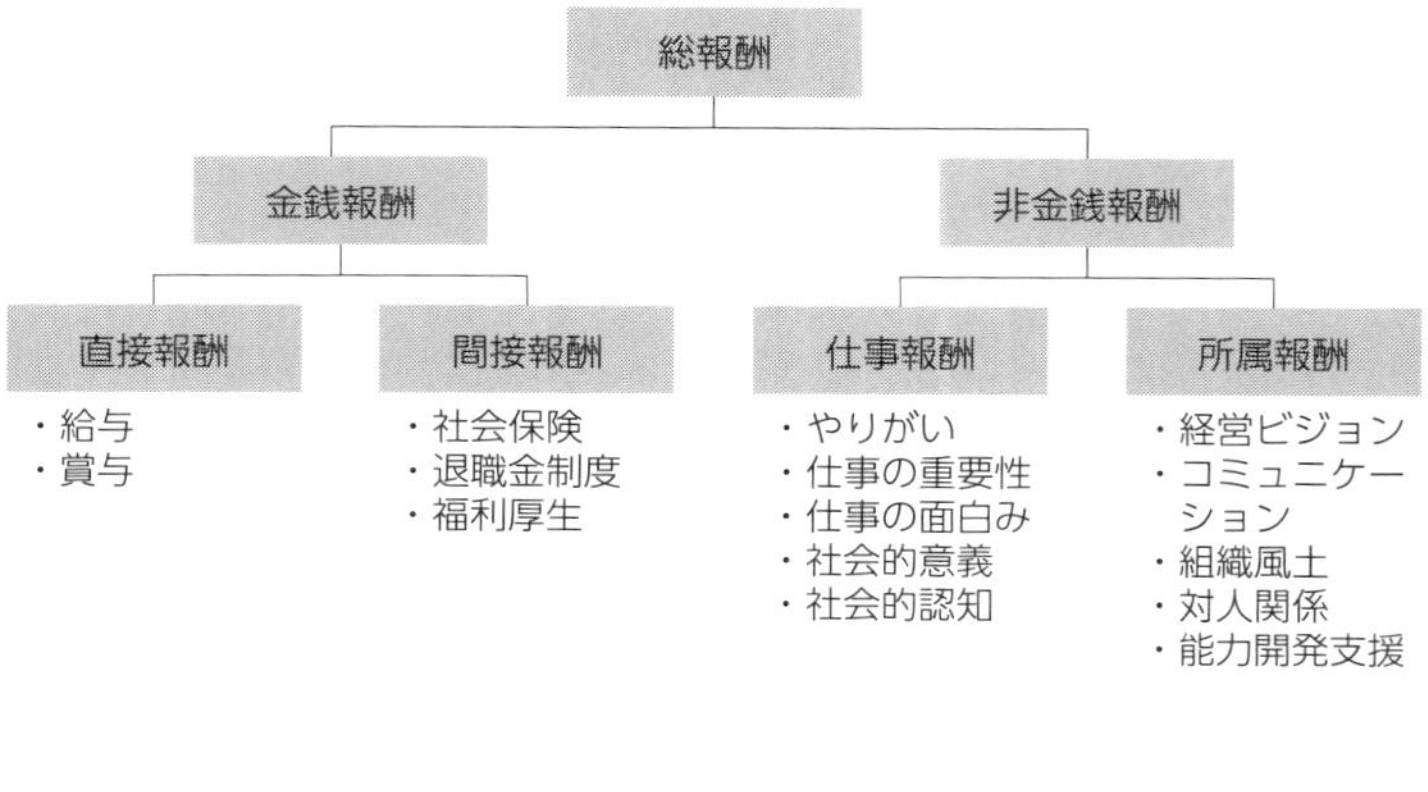

報酬の方に着眼し、戦略的な取り組みを行っていった方が、効果的な取り組みにはつながりやすい。

人は会社を選ぶ時は、図４左側の金銭報酬を重視し、意思決定をしてしまいがちだが、会社を去る時は、往々にして図４右側の非金銭報酬の部分が原因で、退職の意思決定をしている。

人手不足時代を乗り切るために、自社にとって必要な非金銭報酬をシャープに見極め、どうチャージしながら、ＥＳ向上を図っていけばいいのかについては、第2部より企業事例も交え解説していくことにしよう。

ES向上へのはじめの一歩とは

組織の健康診断としてES診断を

ＥＳ向上に向け最初に取り組むべき事項は、やはり自社のＥＳを正確に把握することからだ。

私たちが年1回健康診断を受けているように、会社にも定期的な組織の健康診断が必要不可欠だと考えている。やはり顔を見ているだけでは胃が悪いのか、腸が悪いのか分からないので、きちんとレントゲンを撮ったり、血液検査を行い、表面上では分からない組織の実態や真相を把握するために、客観的な診断が必要になる。

特に会社における人や組織の問題というのは、顕在化した時点で、もうすでに手遅れになっているケースが、ほとんどではないだろうか？

例えば、ＥＳが低下し不満退職の意思を固めた従業員を、引き留めることができるだろうか？

一度崩壊してしまったＥＳを、また以前の状態に復旧させるのは至難の業で、ここまで悪化する手前の段階で小さな火の粉を見つけ打ち手を講じないと、火消しが困難なことは想像に難くない。

従って組織の健康診断としてＥＳ診断を行い、まだ潜在的な段階での課題を抽出し、早期発見・早期改善を図ることが、会社として取り組むべき真のマネジメントではないかと考えている。

参考にはなるが全ては鵜呑みにできない動機づけ・衛生理論

ＥＳを考える上で参考になる理論となる、アメリカの臨床心理学者ハーズバーグの「動機づけ・衛生理論」によれば、人は仕事を通じて2つの異なる欲求を満たそうとしている、という調査研究結果を発表している（1959年）。

人間の欲求には、「衛生要因」と「動機づけ要因」の2つがあり、前者は不足すると不満足が助長する要因のことで、具体的な要素には給与や会社の政策、監督技術、対人関係、作業条件が挙げられている。もう1つの特徴はこれらがたくさん満たされると、ポジティブな感情が生まれるか、というとその期待には応えることができず、単なる不満要因の除去までしか成り得ないと結論づけられている。

一方後者はやる気に比例するその名のとおり動機づけ要因のことで、具体的な要素には達成、承認、仕事そのもののやりがい、責任、昇進などが挙げられている。

この結果からも金銭報酬は、「不足すると不満になるが、たくさんもらったとしても、それに比例してやる気が上がるというものではない」と結論づけることができ、衛生要因に分類される「給与」を厚くするだけでは、必ずしも従業員のモチベーションを高め、ESを向上させることは難しいということになるわけだ。

従業員の給与を上げることに反対はしないが、人材定着のための最も有効な施策ではないということも十分認識しておく必要がある。

ESの構成要素を考察する上で、「動機づけ・衛生理論」は大きな考え方として、現代でも十分参考になるのだが、その一方で細かな部分においては、現代日本のビジネスパーソンには当てはまらない側面もいくつかある。

　例えば私たちのＥＳ診断の実績から分析していくと、責任や昇進は動機づけ要因としての機能が低下してきている傾向もある。これは特に若年者で見受けられる傾向だが、管理職などの高いポストを目指す上昇志向ではなく、専門性を高めたり、スペシャリストを志向する傾向が強まっている背景が影響していると考えられる。

　また会社の政策（＝経営理念・方針）も衛生要因ではなく、動機づけ要因と捉えることができる。

　これは先の見えない時代だからこそ、会社が「どのような社会的な意義をもって事業を展開しようとしているのか」という経営理念や、「どういう方向に進んでいこうとしているのか」という経営方針は、従業員にとって働く意義や所属する意義につながるため、ＥＳに大きな影響を与えている。

図5：動機づけ・衛生理論の変化点

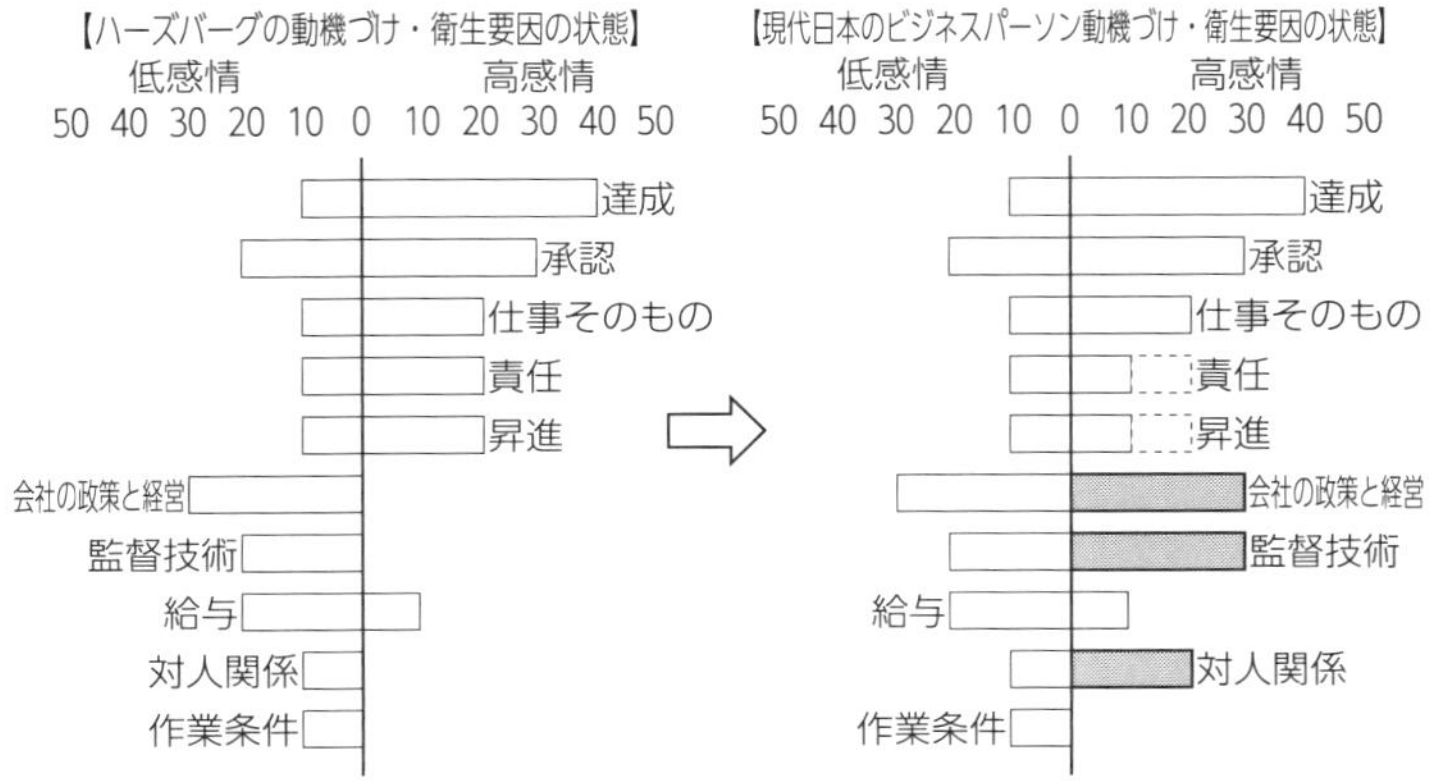

監督技術（＝上司のマネジメント）や対人関係もまた衛生要因ではなく、動機づけ要因になっている。

日本人は欧米人と比べ、仕事の中で人間関係を重視する傾向が強く、中でも上司との関係を重んじ、この部分が良好だとＥＳも高まり、この部分が悪化するとＥＳの低下にも直接つながりやすくなる。上司がふさわしい行動を発揮し、かつ上司との関係が良好であるかどうかは、ＥＳに大きな影響を与えている。

このようにビジネスパーソンの就業意識や価値観は、時代とともに変化していく側面もあるためＥＳ診断を行う際は、こうした変化点を把握した上で、ＥＳの構成要素を考えていく必要がある。

ESを構成する5因子10要素

「動機づけ・衛生理論」などを参考にしつつも、当社は日本における現代ビジネスパーソンの就業特性や価値観、またこれまで行ったＥＳ診断の結果などを元に、現代日本に則したＥＳの構成要素を明確にした。

ＥＳを木にたとえ根っこにある要因からたどっていくと、５つの幹が存在していると考え、これを「５つの因子」に大分類し、さらにこの幹を分解し枝に見立て「10の要素」に分類できることが分かった。それらを分かりやすくまとめ、これを「ESロジックツリー」と呼んでいる。

ESの構成要素を紐解くと、（1）ビジョンへの共感（2）マネジメントの適切さ（3）参画への充実度（4）企業風土の最適さ（5）就業環境の快適さの5つに大別される。そこからさらに、①経営理念・方針、②事業戦略・運営、③上司のマネジメント、④人事評価、⑤仕事内容、⑥自己成長、⑦コミュニケーション、⑧組織風土、⑨職場環境、⑩労働条件という10要素に分類し、この10の角度からESの状態を測っていく必要があると考えている。

ESロジックツリーにある5つの

図6：ESロジックツリー（円形バージョン）

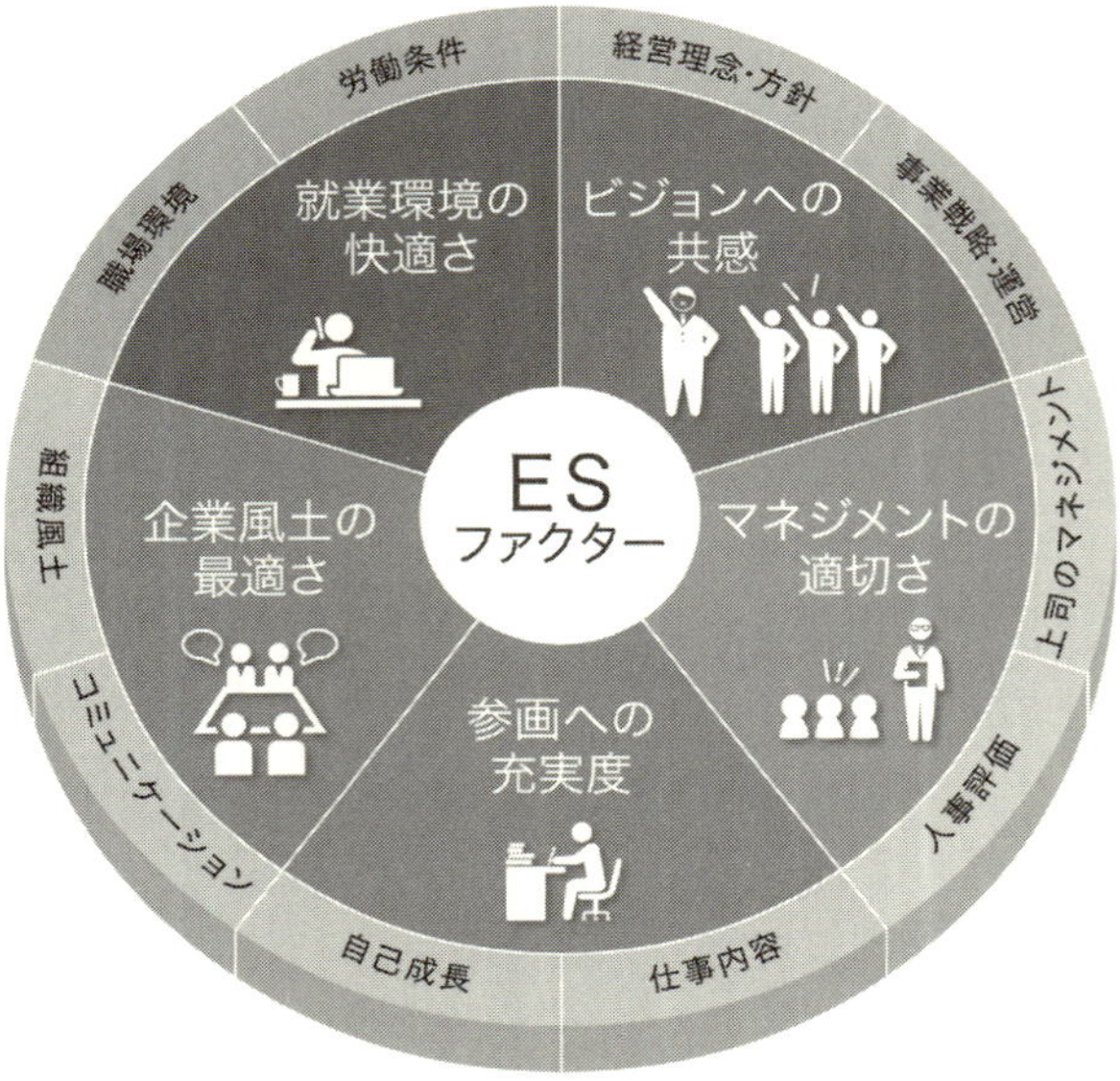

因子と10の要素については、これから少し解説を加えたいと思う。

(1) ビジョンへの共感（経営理念・方針、事業戦略・運営）

先が見えない時代だからこそ、自社がこれから何を目的に、どこに向かって進んでいこうとしているのか、明快な道標を示し社員をしっかり動機づけるために、「ビジョンへの共感」が、ESの構成要素として必要になる。

この要素がしっかりしていることで、会社のビジョンに期待感やワクワク感を持たせたり、この会社の従業員であることの誇りを持たせたり、将来に対してこの会社で働き続けることの安心感など、非金銭報酬を提供することが可能になるのだ。

我々のES診断の実績データから、ESの高い組織ほどこの「ビジョンへの共感」が非金銭報酬として大きく機能していることが分かっている。

ある意味自分の人生を賭けて乗り込んできた船が、厳しい荒波の中どんなミッションで、どこを目的地としてどんな航路で進んでいこうとしているのかを、従業員へ明快に示せる羅針盤があるかどうかは、ESを考える上で欠かすことができないものになる。

またES以外の部分でも、経営の根幹をなす経営ミッション・ビジョンがしっかりしていないと、組織の中で共通の価値観を確立することができなくなり、その結果従業員がブレてしまい、会社と従業員のベクトルが一致しなくなる。

このような観点からも経営ミッション・ビジョンを明らかにし、そこからもう一歩突っ込んで、価値観や行動指針まで具体的に落とし込むことを推奨したい。

この会社の従業員として何をやるべきで、何をやってはいけないのかが明快になっていないと、人は自分の都合のいいように解釈し、それが要因で不要な不満が生まれ、ＥＳが低下することもあるのだ。

変化する経営環境の中で自社が競争に勝ち残るための強みや課題を明らかにし、これからの事業の具体的な展開方法やアクションプランを明確にし従業員に周知していく、事業戦略面の取り組みもＥＳに大きな影響を与える要因の1つだ。

大きな指針となる事業戦略や事業計画の内容から、その構成要素となる技術力・商品力・サービス力・ブランド力といった自社のパフォーマンス面や顧客に対する姿勢など、現在の事業戦略・運営面における従業員の認識もＥＳ上つかんでいく必要がある。

ＥＳ診断の結果、ＣＳ向上への取り組みが十分でないことがＥＳ低下の要因になっているケースもあり、ＥＳの活動なのに改善していく内容はＣＳ向上に関わる内容になることは意外と多い。

ビジョンへの共感は、「経営理念・方針」と「事業戦略・運営」にブレイクダウンすることができる。

(2) マネジメントの適切さ（上司のマネジメント、人事評価）

会社から管理される立場の従業員が、実際にどんな管理や処遇を受けているか、従業員が日々会社の中で受けるマネジメントも、ESに刺激を与える構成要素の1つになり、具体的には「上司のマネジメント」と「人事評価」にブレイクダウンすることができる。

上司の何気ない一言で傷ついたり、何気ない一言で救われたり、といったように上司の言動は、従業員のやる気やESに重大な影響を与えている。

上司のマネジメントが不適切で、ES上の課題になっているケースもあれば、逆に上司に認めてもらっている承認感があったり、部下の気持ちを組み取ったコミュニケーションが取れているなど、上司のマネジメントが適切であるが故に非金銭報酬として機能しているケースもあり、会社ごとにES上の弱み・強みのいずれかに分かれやすい内容でもある。

ES診断を営業所、支社、支店などのサイトごとにセグメントして比較分析を行うと、業績の良いサイトほどこの「上司のマネジメント」のES要素の満足度が高い結果が上がってくることもあり、経営パフォーマンスとの相関を示す興味深いデータになることがある。

人事制度もESのカギを握る要素であることは言うまでもないが、また同時に全従業員を納得させる制度を構築するのも難しいものであり、常に見直しが必要なテーマだ。

人事評価の制度そのものに欠陥があったり、好ましい人事評価の運用ができていないと、ES上の課題になるケースがある。

逆に公平で納得感の高い人事評価の制度が整備されていたり、評価結果を適切にフィードバックするなど人事制度の効果的な運用ができれば、これらは非金銭報酬となる。

ES上課題となるケースとしては、人事制度を単に給与を決めるための道具としてしか運用できていないケースが意外と多く、これでは非金銭報酬を与えることは難しい。

いつの時代にも、ビジネスパーソンのモチベーションを左右する、「上司のマネジメント」と「人事評価」について、非金銭報酬に変換していく取り組みが必要だ。

(3) 参画への充実度(仕事内容、自己成長)

自社で働くことで、どれだけ働きがいや充実感を持って仕事ができているか、また自己成長感を実感し今後のキャリアデザインをイメージできるか、ESに大きな影響を与える内容で、具体的には「仕事内容」と「自己成長」にブレイクダウンすることができる。

仕事内容がマンネリ化していたり、間接部門などで達成感や承認感を得にくい職種などもあり、これらがES上の課題になることもある。

これらの背景には、近年の傾向として、仕事のやり方や手順といったハウツーものは会社内で熱心に教育しているものの、そもそも仕事の意義や意味また役立ちや社会的貢献度という、仕事のミッションをあまり教えていないケースが多く起因している。

これでは、仕事そのもので内発的に動機づけを行っていくことは難しく、これらを非金銭報酬に変えていく施策が、今後ますます必要になってくる。

また仕事を通じて成長できていると実感できる成長実感、将来にわたって自分のキャリアデザインが見通せる期待感なども、ＥＳに大きな影響を与える非金銭報酬となる。

当社のＥＳ診断の中で「働きがい」に関するアンケートを実施すると、自己成長に関するものが多数回答の上位に挙がってくることがよくあり、会社として従業員の自己成長を支援することは、ＥＳ向上にも大きな効果があると考えられる。

将来のキャリアデザインが描けないと、なかなかモチベーションを維持することは難しく、従業員が人生の節目でこれからの自分の人生を考える時、ここで大きな不安を抱かせることになると、優秀な人材ほど流失してしまいかねない。

従業員と会社の関係は相互拘束ではなく、相互選択の時代になった。従業員を単なる労働力と見るのでなく、会社のパートナーとして従業員の人生も共に考えるスタンスが、会社側には今後ますます必要になってくる。

（4）企業風土の最適さ（コミュニケーション、組織風土）

会社には目に見えにくいが、1社1社それぞれに異なった会社としての風土や文化が存在しており、企業風土は「コミュニケーション」と「組織風土」にブレイクダウンし、自社のＥＳへの影響度をつかんでいく必要がある。

朝出社して「おはようございます」から始まり、退社時に「お疲れ様でした」と交わすまで、いろんな場面で多くの人と様々なコミュニケーションを取るシーンがある。

あなたの会社では、しかるべき時に適切なコミュニケーションが取られているだろうか？コミュニケーションとは、社会生活を営む人間がお互いに意思や感情、思考を伝達し合うもの。

そもそも会社には、生まれも育ちも思考も価値観も違う者同士が集まって構成されている特殊な集団なので、コミュニケーションのミスやロスは起きてしかるべきかもしれない。ただこのコミュニケーションの問題を放置していると、それが根深いしこりや致命傷になって組織の存亡に関わることだってある。たかがコミュニケーション、されどコミュニケーションなのだ。

人が集まれば必ずそこに風土が形成される。従業員を育む土壌でもあり、従業員の考え方・感じ方・行動に影響を与える「組織風土」が、ＥＳに対してどんな影響を与えているのか見ていく必要がある。

企業で発生しているコンプライアンスの問題は、個人の資質が原因のものも中にはあると思うが、そのほとんどはやはり企業が持つ風土や文化が起因していないだろうか。

自分たちの会社内にあるなかば常識的なものが、世間や社会と乖離していることに気づかずに、コンプライアンス違反を犯したり、結果としてコンプライアンス違反であったというケースは意外と多い。

このようなコンプライアンス違反が発覚すると当たり前の話だが、ＥＳは一気に低下してしまい、もとの状態に戻るにはかなりの年月を要することがある。

ＥＳとは単に満足している・不満があるといった単純なものではなく、会社と従業員の信頼残高の状態でもあるからだ。

従業員の会社に対する信頼残高が、高ければ高いほど従業員はこの会社のために、といったロイヤリティーが生まれてくるが、逆に信頼残高が低ければ、このような建設的な感情は生まれず、限りなく０に近づくと会社を見切り退職の道を選んでしまう。

従業員の会社に対する信頼残高は現在どれくらいあるのか？　知らず知らずのうちに自動引き落としをしていないか？　また何が信頼残高の預け入れになるのか？　ＥＳ診断でしっかりつかむ必要がある。

（5）就業環境の快適さ（職場環境、労働条件）

従業員を取り巻く就業環境も、仕事の生産性やモチベーションに大きな影響を与える要素である。社員が安心して働くことができる「職場環境」、長時間労働などブラック企業でないかといった「労働条件」の2つにブレイクダウンすることができる。

今や共働きは当たり前で、女性の労働人口に占める割合も年々増えてきており、女性の活躍が、ますます求められる時代になってきているが、これまでの我々のＥＳ診断の実績からいくと、女性社員の比率の高い企業ほど、ＥＳ上この「就業環境の快適さ」を重要視する傾向が高いことも分かってきている。

職場環境ではハード面（ＥＸ：パソコン、ソフト、収納、動線など）の問題がＥＳ診断で顕在化することが多く、これがきっかけとなり様々な改善に結びつき、結果業務の生産性や効率ＵＰにつながるケースもある。

またソフト面では５Ｓの徹底や、ハラスメントの問題などが正確につかめることで、適切な施策実施にも結び付きやすい。

労働条件では就業時間や休日また業務負荷といった、働き方改革のテーマとマッチングした実態把握及びその後の改善につながりやすい。昨今健康経営というキーワードで提唱されているように、従業員の心身の健康増進支援が会社側にも求められ始めている。

人は、心身が健康な状態で初めて最大限の能力を発揮し、建設的な思考や行動を取ることができる。

逆に心身の健康が悪化してくると、生産性が低下したり思うように仕事のパフォーマンスを上げることが難しくなり、結果としてＣＳ（顧客満足）や品質ひいては経営成果にもネガティブな影響を及ぼしてしまう。

就業環境の快適さは働き方改革のテーマに直結しやすい内容でもあり、今後も改善のニーズが高まることが予測される。

ＥＳの実態把握を行うためには、このようにつかみどころがない、抽象的な概念であるＥＳを、体系的に整理し明確に定義づけを行っていく必要がある。

最近の傾向としては、ＥＳの調査・診断をすでに実施しているにもかかわらず、調査・診断後のＥＳ改善活動が有効に機能していないといった相談が増えている。

実態把握のために、ＥＳの調査や診断をただやればいいということではなく、しくじらないために、やり方にもいくつか押さえるべきツボがあるので、このあたりを次節以降で解説していきたい。

日本のESサーベイがうまくいかない落とし穴とは

ESアンケートの精度を高める

ES向上のはじめの一歩となる最初のアクションとして、まずESの実態把握を効果的に行う必要がある。

近年の傾向として、ESの調査を初めて行うという会社以外に、もう何年もESの調査は行っているが調査後の活動がうまくいかないので支援をしてほしい、といった相談内容が当社に多く寄せられている。

そこで、このようにもうすでにES調査を行っている会社の取り組み内容を、逆にこちらで確認・検証してみると、大きく次の5つの落とし穴に落ちてしまっている。

① ESアンケートの精度が低い。
② 優先度を明らかにするESアンケートの分析手法が採用されていない。
③ ESアンケート分析の際、数値の裏側にある原因や背景が分析できていない。
④ ESへの取り組みについて、トップ層との合意形成が十分とられていない。
⑤ ESアンケートの調査結果を全従業員にフィードバックしていない。

まず①ＥＳアンケートの精度が低い、という落とし穴に落ちてしまうと、入り口の段階でつまずくことになりその後いくらがんばっても挽回のしようがない、となることからとてもやっかいだ。

ＥＳの概念が普及する以前に、モラールサーベイ（従業員意識調査）のようなものが存在していたため、この名残りから社員の心構えを聞くような、抽象度の高い設問でアンケートを行っており、そもそもＥＳをきちんと知り得る設問になっていないケースが、多く存在しているので注意が必要だ。

ＥＳ調査を実施する際は、前節で紹介した図６ＥＳロジックツリー（Ｐ36）の内容を参考に、ＥＳの構成要素をあらかじめ具体的に明確にした上で、ＥＳアンケートを設計し、このような落とし穴に落ちないようにしていただきたい。

ＥＳ課題の優先順位は明快につけられているか

ＥＳの実態把握を行うことから、ＥＳアンケートの設問回答方法として、「満足度」レベルを回答してもらうアンケートにすることは必須だが、この満足度だけでは分析する際に課題の優先順位づけが難しくなり、自社のＥＳ上のツボがシャープに特定できなくなってしまう。

これが２つの目の、②優先度を明らかにするＥＳアンケートの分析手法が採用されていない、という落とし穴になる。

このような落とし穴に落ちないために、当社ではESアンケートを設計する際に、満足度だけではなく、「重要度」も同時に測る分析手法を実施会社へ提案している。

ESアンケートの設問に対する「重要度」も同時に測ることで、自社の従業員がそもそもこの設問内容にある要素を、どれくらい重要だと考えているか、ESとの相関関係が分かるようになるからだ。

従って分析する際は、満足度が低いものが全て問題だと見立てる必要はなく、満足度が低く「重要度」が高いものが、自社のES上の緊急性や優先度が高い領域だと見立てることができるようになる。

逆に満足度と重要度の双方が高いものは、自社の強みと見立てることができ、既存の従業員が働き続ける理由が浮かび上がり、ESの視点から会社の「強み」と「弱み」の両面がつかめることになるのだ。

数値の裏側にある原因や背景をつかんでいるか

続いて3つ目の落とし穴は何かというと、従業員の生声が

図7：ESポートフォリオ分析

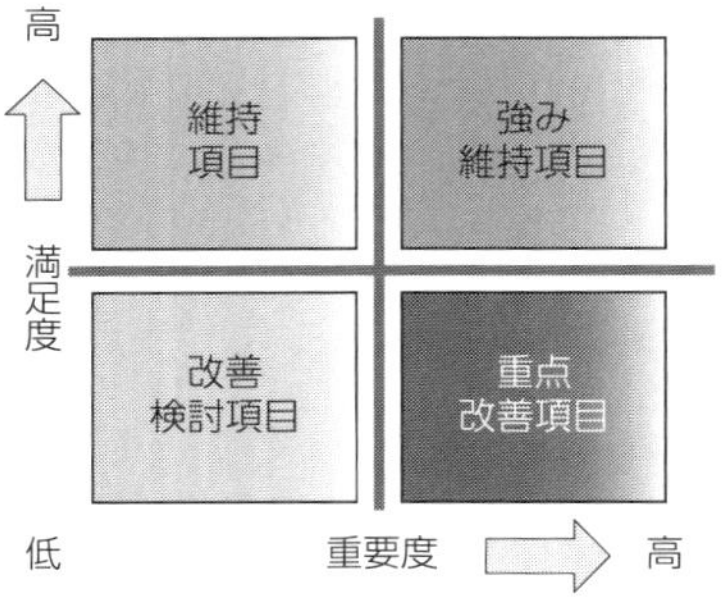

拾えずに、③ESアンケート分析の際数値の裏側にある原因や背景が分析できていない、という問題だ。

ESの調査では、満足度や重要度など定量的な数値の結果を可視化し、この数値結果から自社のESの特性や傾向また問題点も浮き彫りになってくるのだが、残念ながらこの結果だけではES改善の施策立案は何もできない、と言い切っても過言ではない。

ES改善の施策立案のために必要な情報は、この数値結果の裏側にある原因や背景の情報であり、この情報収集のためには、従業員の生声がどうしても必要不可欠になる。

「なるほど現場ではこんなことが起きていたのか」・「従業員は会社の方針をこのように受け止めていたのか」・「こういう部分が従業員に刺さっていたのか」など、数値結果を裏づける内容が、従業員の生声から一致して初めて原因が特定でき、だからこそ次に必要なアクションである改善のための打ち手も見えてくる。

このように従業員の生声が、改善の施策立案にはどうしても必要不可欠になるため、当社では前節で紹介した10項目からなるESロジックツリーの項目毎に、フリーコメント欄を設定したES

フリーコメントから更に
数値結果の背景・原因を究明

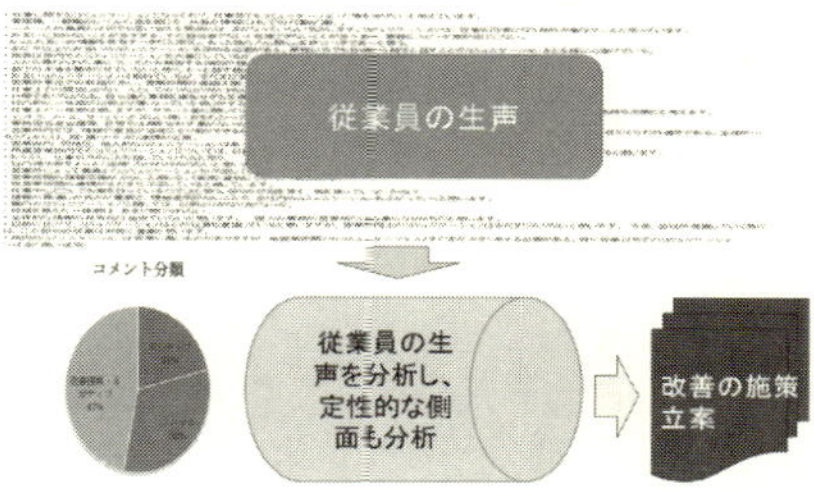

アンケートの設計を提案している。

またフリーコメントの記入率は、紙回答よりWEB回答の方が高くなるため、環境上WEB回答が可能な場合は、WEB回答での運用を推奨している。従って紙回答で実施の場合は、実施前に丁寧に説明し記入率向上に努める必要がある。

ESへの取り組みを経営層と握っているか

４つ目の落とし穴は、④ESへの取り組みについてトップ層との合意形成が十分とられていない、という問題だ。これは会社の規模が大きくなると、陥りやすい落とし穴となっている。大企業になれば、ESへの取り組みの主幹部門が人事部や総務部になり、その主幹部門は一生懸命に取り組んでいるのだが、会社の規模が大きくなるほど、その内容が社長を始めとした役員層までうまく伝わっておらず、その結果ES診断後の活動が力強く推進できない、という事態に陥ってしまうケースがある。

役員層に対して、ES調査を行う目的や重要性・必要性を十分に説明し、役員層から「そういうことであれば、しっかりやってくれ」といったリアクションが得られるよう、大企業で実施する場合は自社の経営層としっかりと合意形成した上で、推進していくことを推奨している。

また役員層をうまく説得するためにどうしたら良いのかという質問を、よくミドルマネージャークラスから受けることがある。

この場合は、自社の経営層が現在考えている経営課題の解決に、ＥＳがリンクしていることを気づかせることが有効だ。

ＥＳが生産性、ＣＳ、品質の向上や、戦略遂行を可能とする組織づくり、また今一番頭を悩ませている「人繰り」の部分など、経営層がほしい経営成果にＥＳが必ずリンクしている部分があるため、自社の経営課題の解決にＥＳがひもづけられることをうまく説明できると、このハードルはクリアーできる。

ESサーベイ結果を従業員にフィードバック

最後５つ目の落とし穴は、⑤ＥＳアンケートの調査結果を全従業員にフィードバックしていない、という問題だ。

ＥＳアンケートのフリーコメントは、中には辛辣なものもあるが、ＥＳアンケートを分析した結果については、回答した従業員としてはとても気にしている部分も大きく、従業員から投げられたボールを返し、キャッチボールを成立させるためにも、従業員にもきちんと結果をフィードバックする必要がある。

フィードバックする際は、分析した全ての情報を公開する必要はなく、集約した内容でも十分だ。重要なポイントはこのプロセスを割愛しないということであり、このプロセスを割愛してしまうと運用上はかえってマイナスに作用してしまう。

このことに気づかずに、落とし穴に落ちている会社が実際には多くあり、ここまでを一連の流れとして捉えた上で、ＥＳ調査の運用を行っていく必要があるのだ。

ＥＳの改善は、会社が一方的に改善することばかりではなく、従業員に協力や要請を行うものも出てくる。またすぐに改善できないものもあり、これらについてはその理由を丁寧に説明することで不満の芽を摘み取るという対処の仕方もある。

ＥＳの調査は、ただやればいいというものではなく、やり方に外してはいけないツボがあるということが、しっかりと理解していただけたと思う。

ＥＳの調査は、目的ではなくあくまでも手段である。しかし、落とし穴に落ちてしまうと残念ながら、調査をやること自体が目的となってしまい、本末転倒したものとなる。中途半端な実施を回避し、なんちゃってＥＳ調査にならないよう、ポイントを押さえ効果的な運用に結びつけてほしい。

ESアンケートの要諦

ES調査のうまくいかない落とし穴に落ちないためのポイントの1つとして、「ESアンケートの設計」は重要なポイントの1つでもある。

自社のESの実態を把握するための、情報収集ができるようなアンケートに設計する必要があり、当社では図6ESロジックツリー（P36）を基に、各社にマッチしたアンケートにカスタマイズし、その会社オリジナルのESアンケートの作成を支援している。

質問内容は同じでも、その会社の社員さんが分かる表現に修正したり、場合によっては我が社はこういうことを重点的に知りたい、ということで質問内容自体を変更することもある。

ESアンケート分析の際は、図8にあるようなESアンケートの結果を集計し、満足度・重要度

図8：ESアンケートサンプル

【記入事例】

5. 仕事内容について

質問	評価	低い		普通		高い
①あなたの仕事に対する「やりがい」については、いかがでしょうか？	現在の満足度は？	□1	□2	□3	☑4	□5
	重要視しますか？	□1	□2	☑3	□4	□5
②自分が「やりたい仕事」が出来ているかどうかについて ま、いかがでしょうか？	現在の満足度は？	□1	□2	□3	□4	☑5
	重要視しますか？	□1	□2	□3	☑4	□5
③あなたの仕事に対する「任され度合い」については、いかがでしょうか？	現在の満足度は？	□1	☑2	□3	□4	□5
	重要視しますか？	□1	□2	□3	☑4	□5
④仕事の中で感じる「達成感」については、いかがでしょうか？	現在の満足度は？	□1	☑2	□3	□4	□5
	重要視しますか？	□1	□2	□3	☑4	□5
⑤仕事の中で得られる「承認感」（職場や顧客からの認知や賞賛のフィードバック）ついては、いかがでしょうか？	現在の満足度は？	□1	☑2	□3	□4	□5
	重要視しますか？	□1	□2	□3	☑4	□5

仕事内容について感じていること（良いこと・悪いこと）やその改善策をお聞かせ下さい。
仕事のやりがいはありますが、職場で認められているといった実感はあまり感じることはありません。

の結果から導き出された定量的なデータを有効に活用しながら改善策を検討していくことと、もう1つ大事な分析として、フリーコメントから定性的な言語データを有効活用していくことが必要になる。

このフリーコメントは以下3つのカテゴリーに分類することができる。

① **ニュートラルコメント**

これはESアンケートの質問内容に対して、ポジティブでも、ネガティブでもない、中立的な意見や個人の感想のようなコメントのことで、例えばツイッターでつぶやいているような内容も含まれる。

〈コメント例〉

・特に問題は感じていない。

・自己成長は会社どうこうというより、本人次第だと思う。

・職場環境については、普通だと思います。

② **ポジティブコメント**

これはESアンケートの質問内容に対して、共感する、感謝している、自分たちの努力が足りないなど、建設的でポジティブな内容のコメントだ。

〈コメント例〉

・素晴らしい経営理念で共感しています。
・いつも親身に相談に乗ってもらい、上司に感謝しています。
・この仕事にはとてもやりがいを感じています。

③　ネガティブコメント

これはＥＳアンケートの質問内容に対して、具体的な不満が顕在化したような内容のもので、ここは少し違うと思う、ここはこう改善すべきではないか、と明らかに不満や改善提案が顕在化したようなコメントだ。

〈コメント例〉

・経営理念はありますが、日常の行動になかなか結びついておらず、絵に描いた餅になっていると思います。
・話かけにくい雰囲気があり、上司に相談できず悩んでいます。
・仕事が単調でマンネリ化しており、なかなか達成感を感じることがありません。

ESアンケートのコメントは全てを鵜呑みにしない

改善施策を検討する上では、やはり③のネガティブコメントに注目して見ていく必要がある。またこのネガティブコメントについては、さらに２つに分類することができ、「改善の必要性のあるコメント」と「従業員の受け止め方に問題のあるコメント」の2種類だ。

前者の「改善の必要性のあるコメント」については、満足度が下がっているES要素の原因や背景を示唆しているものが多いので、社内の複数の目でそのコメントに対する現状や背景を確認しながら、改善策を検討していく必要がある。できればコンサルタント的な外部の第三者も交えながら、改善検討ができると効果的だ。

後者の「従業員の受け止め方に問題のあるコメント」は、会社としての方針・見解を明確にした上で、改善するということではなく、「会社としての解釈はこうですよ」、と従業員に対して、会社としての考え方を改めて説明し、理解・納得を得るスタンスとなる。

ESの改善は、会社に改善の責任があるものについては、当然改善に着手しないといけないが、そういうものばかりでは決してなく、会社と従業員との間に存在している認識のGAPがネガティブコメントの要因となっているものも往々にしてある。

また従業員の捉え方が、明らかに間違っているようなコメントが散見

●会社と従業員のGAPが明らかになったコメントの対処事例

従業員の受け止め方に問題のあるコメント	フィードバックする会社としての見解
スキルアップのために社外で開催されているセミナー情報を、会社が従業員に伝えてほしい。	自主的に勉強する従業員には、社外セミナーの受講費用など会社が負担するような支援は行っていますが、セミナー情報の提供まで会社は行いません。そこまで会社に依存するのではなく、情報収集は自分自身が企業人として自立的・主体的に動いていくべきでしょう。

されるものについては、なぜこのような誤った解釈に至ったのかを考え、方針徹底や情報共有に不備がなかったか振り返る必要がある。その上で改めて会社の考え・方針を従業員にフィードバックし、理解・納得を得るようなアクションを実施し対応すると良い。

そういうことも含めて従業員の率直なフリーコメントは、ＥＳ調査の結果を分析する上で、とても貴重な情報となる。

そもそも会社と従業員の間に、ＧＡＰは生まれて当然だ。しかしそのＧＡＰを放置してしまっているとやがて「しこり」ができてしまったり、「不信」が生まれたり、ネガティブな感情が蓄積してしまい、ＥＳが崩壊し組織の活力を削いでしまうことにもなりかねない。

打率３割を目指す

よく「ＥＳアンケートで出てきた結果に対して、全て会社として改善しないといけないのでしょうか？」といった質問を受けることがあるが、打率10割というのはやはり難しく、現実的ではない。またＥＳアンケートに回答した従業員としても、回答したことが全て改善される、とも思ってはいない。

このようなアンケートの回答機会を通じて、日頃なかなか本音が言えない従業員にとってはある種のガス抜きになり、「本音を書けただけで、気持ちの上では何かスッキリしました、また明日からがんばります」、や「モヤモヤしていた不満を文字にすることで、自分の頭の中で整理でき、少し解消しました」といった感想を、ESアンケート後に確認することもある。

従って先の質問に対しては、現実的な対応として、ES調査から3割のヒットを目指すべきだと回答している。従業員から投げられてきた、これだという優先度の高い3割の球に対して、しっかりとクリーンヒットを打ち、どうでもいい球は見逃したり、また改善ができないものについては、できない理由をきちんと説明したり、会社と社員のGAPがあるものについては丁寧な説明を行う、といった送りバントで対応しながら不満の芽を摘むこともできる。

人の体には自然治癒力があり、放置しても良くなることがあるものだが、組織には残念ながら自然治癒力は備わっておらず、手を打たずに放置してしまうと、悪化の一途を辿る道しか残されていない。

ES調査後のことを心配するが故に、なかなかその一歩を踏み出すのに足踏みをしている会社も多いのかもしれないが、実態を把握しないことには何一つ前進させることはできず、またツボを押さえた適切な運用を行っていけば、落とし穴に落ちないことも理解してもらえたのではないだろうか。

次の第2部では、キラっと光るES向上の企業事例を11社紹介しながら、ES向上に必要な考え方や施策のヒントについて、「生」の事例からESの学びを深めてもらうことにしよう。

11社あるＥＳ向上の企業事例紹介は、インタビュー形式の体裁にしているものもあり、アクセントをつけて編成してることもあらかじめ伝えておきたい。

第2部　11社のキラっと光るＥＳ向上企業事例

1. 星野リゾート

経営ミッションは誰に対して発信すべきか

経営難に陥った老舗温泉旅館やリゾートホテルを次々と再生に導き、「リゾート再生請負人」と呼ばれ、日本の観光産業をリードする星野佳路社長率いる星野リゾートでは、組織づくりやＥＳに力を入れており、様々な戦略的な取り組みを展開している。

ＥＳ向上企業事例の1社目として、星野リゾートならではの取り組み施策について、これから紹介していきたい。

星野リゾートでは、経営理念体系の確立に独自の工夫が凝らされているのだが、まず次頁にあるミッションを見て、少々驚いた読者の方も結構いるのではないだろうか？　実は私自身もその驚いたうちの1人だった。

もともとのミッションは「日本の観光産業に貢献しよう」という内容だったのものを、「日本の観光をヤバくする」という表現に変更しているのだ。

そもそもミッションを伝えるべき相手は、お客様でも金融機関や取引先でもなく、むしろ社内の社員である。もっと掘り下げるとこれから入社してくる学生に対して、発信すべきものであり、それであれば言わんとすることは同じでも、若者に響く表現に変更しようということで、現在の表現にミッションが変更されている。

一方ビジョンは、近年海外展開も果たしたことで新しいものにブラッシュアップされ、「ホスピタリティー　イノベーター」が現在のビジョンとなっている。この1つ前のビジョンは「リゾート運営の達人になる」というものだった。

当初この「リゾート運営の達人になる」というビジョンを社内で説明した際、社員は口をポカンと開け、あきれた状態だったという。とても現実離れした内容で冷ややかな反応だったようだが、星野社長はブレることはなかった。

それは星野社長がアメリカ留学時に学んだ「ビジョンは絵空事でいい、共感と夢が持てるものを」との教えを忠実に実践したからだ。

次にバリューだが、このビジョンを実現していくためには、手段を選ばずに何でもやればいいということでは、会社のガバナンス（統治機能）が効かなくなってしまい、間違った方向にいってしまうリスクがある。そのためのブレーキ役にもなるのがバリュー（価値観）でもある。

星野社長はこの価値観を設定するときには、それを破ってまでビジョンを達

【星野リゾートの経営理念体系】

ミッション	日本の観光をヤバくする
ビジョン	ホスピタリティー　イノベーター
バリュー	法令順守、同僚への敬意、取引先への礼儀、経営情報の共有、自由な情報交換、機会の均等、喫煙者なしの組織

成してはいけないと思えるものを設定する必要があると考え、7つの価値観を設定している。

コンセプトづくりはトップからではなく現場から

星野リゾートでは、旅館やホテルの改善を進めるにあたり、その旅館やホテルのコンセプトを、現場のスタッフで考え作り出す仕組みがある。

一般的には、このような戦略やコンセプトなどはトップから下りてきて、それに現場が従うというのが通常の流れだと思うが、星野リゾートでの取り組みは違う。

「人は、なりたいものになる力を持っている」という星野社長の考えから、実際に顧客にサービスを提供する現場スタッフの中から立候補制でコンセプト委員会を設置し、コンセプトづくりから参画してもらっている。

具体的には、どんな顧客に来てほしいかをまず明確にし、その顧客に喜んでもらうためにはどうすればいいかを決めるコンセプトづくりや、それに伴うサービスの改善を進めているのだ。

まず「誰が」については、今いる顧客層から抽出し、コンセプト委員会で決めていくという。これは市場規模を考えて高齢者をターゲットにしよう、といった決め方ではなく現場のスタッフがどうしたいのかを中心に決定されている。

非常に興味深いのは、単に机上の理屈・理論だけで決めるのではなく、そこで働く現場スタッフの想いや意欲を引き出しながら進められている点である。自分たちが好きか嫌いかが重要で、自分たちのやりがいや嬉しさといった現場のポジティブな感情を大事にしながら、コンセプトづくりが行われている。

このようなプロセスを経て誰に向けたサービスかが明確になると、次の「何を提供すべきか」については、現場のスタッフから様々なアイデアが出てくるようになり、これらを基に旅館・ホテルの中のサービスなどが次々に改善されていく。

同社のように、戦略策定から現場のスタッフが参画できるようになれば、方針に関して不満が上がることは間違いなく低減していく。また戦略部分から参画することで、的を得た戦術も現場レベルで立案することが可能になる。

これによって現場が自走する、総力戦で闘う組織づくりがなされ、結果としてこれが顧客満足の向上にもつながっているのではないだろうか。

「誰が言ったか」ではなく「何を言ったか」を重視する組織文化

星野リゾートでは、旅館・ホテルで毎月1回実施される経営会議に、全従業員が参加できる仕組みになっている。通常このような会議の参加メンバーといえば役員のみだったり、管理職までといった参集メンバーで実施するのが一般的だと思うが、星野リゾートでは、パート・アルバイトを含む全従業員に会社の情報をオープンにし、様々な課題を自由に議論してもらうようにしている。

これは経営情報と意思決定プロセスを公開し、限られた経営資源の選択と集中の背景を理解してもらうことで、組織に対する不満や不信を発生させない狙いもある。

また組織の中にヒエラルキーがあると、言うべき事が言いにくくなり、誰が言ったかで反論の仕方が変わったりするが、星野リゾートでは誰の意見かを気にするのではなく、どんな意見なのかが気になる文化を持とう、言いたいことを言いたい人に直接言えるコミュニケーションスタイルを持とう、というフラットな組織を目指している。

会社の意思決定がオープンにされていないことは、離職のきっかけに大きく関わってくるため、組織図よりも人間関係を重視し、情報の流れに規制をつけず、職責やポジションに関わらず同じテーブルで議論できるフラットな組織文化をつくっているのだ。

仕事の醍醐味を実感させることが非金銭報酬になる

星野リゾートでは、「お客様に褒められること」が社員にとって一番のモチベーション要素になるとの考えから、お客様に褒めてもらうためにはどうすればいいのかをもっと真剣に考えようと、顧客満足度アンケートの運用に力を入れている。

通常の旅館・ホテルでは部屋に設置しているアンケートの回収率が、約５％ぐらいだといわれているが、星野リゾートでは顧客へアンケートを手渡して、記入を直接お願いすることで、回収率30％を目指している。

顧客満足度アンケートの分析においては、ネガティブなコメントにはあえて過剰に反応しないようにし、むしろポジティブなコメントをまず共有するという工夫がある。

一般的には、ネガティブなコメントにどうしても意識がいきがちになってしまうが、一番のモチベーション要素になる、顧客からのポジティブなコメントにまずは着目をし、共有したり、もっと喜んでもらうためにはどうすればいいのかを考えたりすることで、仕事の醍醐味を味わおうということだ。

またネガティブなコメントについては、犯人捜しをするのではなく、ミスを憎んで人を憎まずとの考えのもと、仕組みで改善・対応をしていく方針をとっている。

このように星野リゾートではＣＳアンケートを、ＣＳ向上のみならず、ＥＳ向上にも活用し、ＣＳ・ＥＳの両輪をうまく回していく取り組みが行われている。

商品やサービスはある程度模倣することができるが、企業文化は一朝一夕にできるものではないため、最も模倣困難なものだといわれている。

だからこそ企業文化そのものが競争優位性になるわけだが、星野リゾートでは同社の成長を支え牽引していく企業文化が、しっかりと形成されているのではないだろうか。

2. 照栄建設株式会社

離職率1％の人繰りを実現する建設業

アベノミクスによる景気の浮揚、また２０２０年の東京オリンピック需要など、比較的追い風が吹いている業界の1つが建設業であろう。一方需要はあるが、中には人繰りがうまくいかず供給面で支障をきたしている会社もある。

実際に受注したくてもできない、という機会損失が生まれるケースも増えており、最悪の場合は人手不足倒産に追い込まれる会社もあり、人手不足倒産件数の４年半累計での最多業種は、「建設業」の１０５件となっている（帝国データバンクの調査結果による）。

こういった環境の中、アジアの玄関口となる福岡で、オフィスビル・医療関連施設・商業施設・ホテル・マンション・アパート・戸建てと幅広いジャンルの建物を建設、地域の街づくりに貢献し、夢をかたちにするお手伝いをしているのが、今年で創業45周年を迎えなおも高い成長を続けている照栄建設だ。

『社員の幸せを通してお客様に喜ばれる高品質の建物・サービスを供給し社会に貢献する』を経営理念として掲げ、竣工後こそ建物の真価が問われ、安心して使うことができるかが重要な要素だとし、同社ではいち早く引き渡し後の24時間アフターサービス対応を行い、地場ゼネコンのトップクラスとして業界をリードし、顧客・地域からも大きな信頼を寄せられている。

建設業といえば、３Ｋといったネガティブなキーワードで揶揄されるように、どちらかといえば人気の高い業界ではなく一般的に人の出入りも多い側面があるが、照栄建設においては例外で、定年などの自然退職以外での離職が極めて少なく、離職率が1％台、平均勤続年数は19年という、今ほとんどの会社で課題となっている人材の定着率向上を実現している会社でもある。

今後１００年企業を目指していく上での課題を抽出し、会社内の現状を客観的に把握していこうと当社でＥＳ診断を実施したところ、離職率の低さが物語っているように、ＥＳ診断のスコアも非常に高い結果となっていた。その要因や今後のＥＳ向上について、同社代表取締役社長の冨永一幹氏に話をお聞きした。

―ＥＳ診断のスコアが全体的に高く、中でも「経営理念・方針」の項目が群を抜いてハイスコアになっていましたが、その要因はどうお考えでしょうか？

弊社ではこれまで社訓・社是・基本方針という構成での経営理念体系があり、これらを毎月1回の全体朝礼や安全大会などで唱和したり教育するような取り組みを実施してきており、このような活動を通じて自社が大事にしている理念や価値観などは、ある程度従業員サイドにも浸透させることができていたのではないかと思います。その浸透度を今回のＥＳ診断で客観的なスコアとして確認することができました。

弊社が特に大事にしている価値観や行動指針は「謙虚さ」や「協調性」など人間性の部分を重視した内容となっており、顧客のみならず地域や協力会社からも信用・信頼を得られる社員・組織になっていこうと経営陣から事あるごとに発信しています。

おかげさまで弊社は協力会社からの評価も高く、先日弊社の協力会社向けに開催した安全大会には５００人近い来場者となり、会場に入りきらないほどの大盛況の安全大会となりました。

この安全大会においてある協力会社の方から、「照栄建設のように、現場で困った時には全社で一致団結して協力しながら、目標工期を必ず達成する建設会社はほかにないですよ」と言われ、ＥＳ診断の結果でもそうでしたが、お互いに協調し助け合いながら一致団結できる組織風土が、弊社の大きな強みになっているのではないかと捉えています。

また弊社では採用活動にも力を入れており、中途採用がゼロではありませんが、中途採用よりも手間ひまのかかる新卒採用をメインとした採用を行っており、既存社員のほとんどが新卒採用者となっています。やはり中小企業といえどもこの新卒をメインとした採用活動を行っていることが、自社の理念や価値観を浸透させやすい素地を形成しているともいえます。

実際の採用活動では、よくありがちな給与や休日といった待遇面の話ではなく、自社の経営理念体系の説明に重点を置き、志が同じ人、理念に共感できる人のみを採用することで、入り口の段階からきちんとベクトルを揃えられている点も大きいのかなと思います。

従業員を支える家族も大切に
―ほかにESを意識した施策などはこれまでにありましたでしょうか？

先ほど述べました会社の理念や価値感を浸透させながら、好ましい組織風土を形成することができた部分がＥＳに大きく寄与していると思いますが、それ以外の施策として例えば社員の自己成長支援として、会社内に自習室を整備し会社内で社員が勉強できる環境を整備し、社員の資格取得などを支援しています。

特に1級建築士の資格取得には1級建築士プロジェクトと称した手厚い支援も行っており、ＥＳ診断のフリーコメントでも「会社側の勉強やスキルアップに対する支援には大変感謝しています」といった多くの声があり、具体的な施策の1つになっていると捉えています。

社員の親睦を深める施策としては、全額会社負担で毎年1回国内の社員旅行、5年に1回海外での社員旅行も行っています。ＥＳ診断のフリーコメントでは「社員旅行でコミュニケーションをとることができとても良いと思います」といった声も複数確認することができました。

従業員の家族をホテルに招待した家族感謝祭

また5年前の創立40周年の記念イベントとして、ホテルに全従業員とその従業員の家族を招待した食事会を実施したこともあり、ＥＳ診断のフリーコメントでは「社員だけでなくその家族まで含め大切に考えてくれていると実感し感謝しています」といった声も寄せられました。

―今後のＥＳ向上についてお聞かせ下さい。

ＥＳ診断で自社の強みを確認することができましたので、強みの部分はさらにこれから伸ばしていき、また一方で人事評価制度の整備、事業戦略面の浸透などいくつかの課題も顕在化しましたので、これらの課題については施策を講じていきたいと考えています。

現在のところＥＳのおかげで弊社においては人材確保が大きな課題となってはいません

が、マクロ的に人手不足という経営環境は長らく続いていきますので、今まで以上に人の採用そして定着に力を入れ、と同時に教育システムの充実を図っていこうと考えています。

特に新卒採用は売手市場であるため学生は労せず就職できるわけですが、入社し厳しい社会に出るとそのギャップに苦しむ若年者が増えるのでないかと考えていますので、入社後の会社内での教育がこれからとても大事になってくると思います。

これらの事項を念頭に置きながらさらにＥＳの高い組織づくりを行い、〝人を集める〟ではなく〝人が集う会社〟へさらなる変革を推進し、地域になくてはならない愛される１００年企業を目指していきたいと考えています（取材内容はここまで）。

〝人を集める〟ではなく〝人が集う会社〟へ

離職率が１％台という驚異の定着率を実現している同社では、ＥＳ診断後にＥＳ上の強みであった経営理念のさらなる浸透強化、また課題となった事業戦略面の周知を目的に、当社も支援し「経営理念体系ハンドブック」を策定し全従業員に配布した。

このハンドブックは、前半部分で経営理念、経営方針、価値観、行動指針とそれぞれの内容や具体的な説明を文書化し、後半部分で今年度の全社的な事業方針や部門別の事業方針の説明が記載され、最後に自分自身の今期目標を記入する頁で構成されている。

またこの類のものは1度作成したものをそのままにしてしまうと、必ずといっていいほど形骸化・陳腐化してしまうので、そうならないためにも、1年に1度見直し必要なリニューアルを行った上で、改めて従業員に発信・再配布していくことを推奨したい。

私たちが日頃、仕事を依頼する様々な会社があると思うが、今後このような購買・外注する会社も人手不足に陥る可能性があり、「ちょっとあの会社の仕事は受けたくない」というようなネガティブな評価になると、購買・外注も滞る懸念が生まれてしまう。

これからは同社のように、顧客・従業員・取引先の3方から選ばれる〝人が集う〟会社づくりというものを、ESの観点から戦略的に進めていかなければいけないのではないだろうか？

経営理念体系ハンドブック

3.　たんぽぽ介護センター

奇跡の集客率とスタッフ定着率

日本も本格的な高齢化社会を迎える中、介護サービス事業は日に日にそのニーズが高まっている。需要は大きいが一方で人繰りが難しく、供給面で不安を抱えている業種の1つがこの介護サービス事業であろう。

要因は何と言っても、介護サービス事業に携わる従業員の満足度が低いことだ。精神的また肉体的にハードな仕事であるにもかかわらず、待遇は決して高くはなく、人手がギリギリの中切り盛りする環境下、従業員が疲弊している事業所が大半ではないだろうか。

その結果従業員の離職も高く、新規の採用も非常に困難な状況に陥っており、２０１７年上半期における人手不足倒産件数（帝国データバンクの調査結果による）では介護事業が業種では1位となっており、人手が確保できないことが原因となり19件もの介護事業者の命が奪われたことになる。

このような現状からも介護を職業として選択することに、ネガティブなイメージがついてしまっているのではないだろうか？

しかし、次に紹介する愛知県で10か所の介護事業所を展開している「たんぽぽ介護センター」は、このようなネガティブなイメージや業界の非常識を覆した素晴らしいＥＳ経営を行っており、驚く集客と業界平均を大きく下回る離職率から、奇跡の集客率とスタッフ定着率を誇る介護センターと言われている。

実際に著者が同社のデイサービス施設を訪れた際本当に驚かされた。デイサービスを利用する顧客である高齢者が笑顔かつそこで働く従業員も笑顔で、とても明るい活気のある雰囲気に満ちていたからである。

顧客が提供サービスに満足し、従業員が誇りを持って楽しく働いていることを物語っている職場を確認することができ、こちらまで嬉しくなったのを、今でも鮮明に覚えている。

同社の筒井健一郎社長は介護業界に入る前、運送業界で起業し会社を急成長させた実績のある経営者だが、一方当時の従業員を大切にしなかった結果、自らが社長を務める会社から追われてしまうという稀有な経験もされており、このような過去の苦い経験があるからこそ、人を大切にすることの重要性や必要性を誰よりも理解し、ＥＳ経営を行っている。

同社では当社のＥＳ診断を実施した結果、奇跡の集客率やスタッフ定着率を裏付ける内容を確認することができたのだが、同社がＥＳ経営上最も力を入れているのが、やはり「経営理念・方針」の浸透だ。

行動規範は笑顔や感動を生むための土台

ＥＳ診断の結果でも経営理念・方針のスコアはハイスコアだったのだが、同社では経営理念・経営ビジョン・行動規範という3階層で経営理念体系が策定されている。「人が輝く」という経営理念を掲げ、働くスタッフを輝かせ、それが顧客や家族また地域社会を光輝かせることにつながっていく、という考えの下、スタッフが光輝くためにイキイキと働く環境整備に余念がない。

経営理念・方針はつくることが目的ではなく、浸透させることができて初めてその機能が発揮されることになる。同社ではこの経営理念・方針の浸透方法として、年に数十回実施する「スタッフ研修」の中で社長自らが、経営理念の意味合いや背景を毎回伝え続けている。

全従業員が半年に1回以上は受講する仕組みになっており、最初の受講では「そんなものかなあ」とぼんやり聞いていたスタッフも、介護の現場でほかのスタッフと一緒に働いていくうちに、経営理念の真意を肌身で感じ、半年後のスタッフ研修で改めて経営理念を聞くことで、それが腹にストンと落ちるのだという。

ちなみにこのスタッフ研修は開始してから16年が経過し、直近の開催回数は515回を超えている。継続は力なりという言葉があるが、まさにブレずに一貫してやり続ける筒井社長の姿勢が従業員にも伝播しているのだろう。

経営理念をスタッフの行動レベルへブレイクダウンされたものとして「笑顔と挨拶を大切に」「チームワークが大事」「ありがとうを言おう」など、これだけは譲れない社員としての行動を、スタッフで共有するため「行動規範」を策定し、経営理念同様にその浸透を丁寧に図っている。

浸透方法は行動規範をカードにして携帯してもらったり、経営理念同様にスタッフ研修で伝えたり、ユニークなのは「たんぽぽマイスター」という社内資格認定制度があり、この資格試験で経営理念や行動規範が出題される仕組みになっており、事あるごとに行動規範を意識させる仕掛けがあるところだろう。

筒井社長の「行動規範は同社が目指す笑顔や感動を生むための土台である」との信念の下、浸透に向けた取り組みが日々行われている。

トップが率先して「笑顔と挨拶」

「事業戦略・運営面」では、「トップは方針だけ伝えてやり方は部下に任せる」をコンセプトに従業員の「伸びしろ」を養い仕事の実力を高めるため、極力自由裁量を与えるような運営を行っており、「スタッフみんなで考え、みんなで決める」というモットーがある。

そのため毎月1回1時間程度行われる「施設長会議」以外は一般の会社で行われているよう

な会議は存在していない。またこの施設長会議の目的は、社内の各施設の現状を経営幹部全員で共有し、現場のスタッフが楽しく働ける感動の職場づくりをテーマに話し合うことだという。

では現場でのやり方や課題についての具体的な話し合いはどうやっているのかというと、現場で働くメンバーを中心に13の委員会が組織され、全スタッフが委員会のいずれかに属する仕組みになっている。

委員会は「感動推進委員会」「感染症対策委員会」「苦情対策委員会」「新人育成委員会」「社内環境整備委員会」など様々なテーマで構成されており、この委員会を運営していくことで、各施設の意見や悩みが現場から上がってきやすくなったり、「全スタッフが責任を持って、介護施設の運営に関わる」という意識を高め、結果として従業員を育てる役割を担っているという。

「上司のマネジメント」では、一般的な会社と同じように管理職向けの教育研修を実施し、上司のマネジメント力UPを図っているが、特に同社で重要視しているのは、トップや上司からの笑顔と挨拶を積極的に実践していくことだ。

職場の空気はそこで働く従業員たちがつくり出すものだが、顧客や従業員も居心地が良いと感じる空気をつくるためには、「笑顔と挨拶」が必要不可欠だという考えから、まずは隗より始めよでトップや上司が率先して実践していくことを奨励している。

実際に過去スタッフが定着しないワーストワンの事業所に、新しい所長を配属し地域ナンバーワンに大変身した事例が同社内にあったようで、その成功要因は新しい所長が自ら実践し徹底した「笑顔と挨拶」だったという。

上司から先に目を見て笑顔で挨拶されると、現場のスタッフのモチベーションは自然と上がり、ES向上に大きく寄与する原動力になっていくのだろう。

「仕事内容」や「コミュニケーション」また「組織風土」の部分では、職場に感動を創りだし、誇りを持たせる様々な施策が繰り広げられている。

例えば「感動レポート」、これは日頃の仕事や生活の中で発生した嬉しい出来事や感動したこと、あるいは感謝したいことなど、言葉で伝えないと埋もれてしまう想いや出来事を全社員で共有することを目的に、感動推進委員会でスタートした取り組みだ。

■ある感動レポート

「初めての出勤日、私は5分も経たないうちに涙があふれ出てきました。『介護経験のない私に仕事が務まるのだろうか』という不安と緊張で一杯のまま施設に入っていくと、下駄箱やハンガー、ファイルなどすべてに私の名前が記してあったのです。この職場では当たり前のことだったのかもしれませんが、仲間として迎えて下さる準備ができていることに感動し、涙が止

表彰式の様子（筒井社長と女性スタッフ、そして子どもたち）

まらなくなりました。そして不安な気持ちは次の瞬間『ここでずっと働きたい』という想いに変わっていました」

半年に一度開催されるスタッフ研修で「感動レポート」を全社員に提出してもらい、筒井社長及び感動推進委員会のメンバーが目を通し、特に感動的なレポートを書いたスタッフを表彰している。年間に集まる感動レポートは１，２００枚にものぼり、このような仕組みを運用することで、職場で生まれた感動が全社員に共有化されかつ蓄積される効果がある。

またこの表彰式には従業員の家族も参加することができ、子どもが自分のお母さんが表彰される姿を見ることで、家族

500枚を超えるサンキューカード

を巻き込んだ大きな感動の輪に広がっている。

サンキューカードは信頼と絆を育む仕組み

「サンキューカード」の運用もスタッフ同士の信頼と絆を育む仕組みになっている。

これはハガキサイズより小さめのカードに、誰か1人のスタッフに対する日頃の感謝の言葉を書き、封筒に入れられてから、宛名のスタッフの下に社内便で届けられる。

仲間からもらった「ありがとう」という感謝の言葉に誰もが感動し、中には涙を流すスタッフもいるという。

日常業務の中で感謝するような出来事があっても、忙しい業務の中でそれは過去のこととして記憶から消え去ってしまうものだが、サンキューカードのやりとりのおかげで、感謝の気持ちが文章の形として伝えられることで、スタッフ同士に深い絆が生まれ、お互いに信頼して仕事ができるようになり、その結果が顧客の笑顔や満足につながっていく。

「自己成長」でのＥＳ向上施策では、「たんぽぽマイスター」という社内資格制度を運用し有効に機能させている。「グリーン」「ブロンズ」「ゴールド」「プラチナ」「マイスター」の順に5段階のランクがあり、年に2回筆記及び面接方式の試験が実施され、全従業員に資格が認定されており、結果も施設内で公表されている。

当初は介護の専門知識や技術のレベルアップが目的としてスタートした制度だったが、途中から介護の専門性だけではなく「人としてのあり方」（人間力）をマイスターの評価に含めるべきだという意見がたんぽぽマイスター委員会から挙がり、同センターの理念や行動規範に関する内容も評価対象に加えられ現在は運用されている。

従業員のため託児所も完備

働き方改革が叫ばれている中、同センターでは残業や休日出勤が発生しないでいいような生産性向上にもいち早く取り組んでいる。

介護の世界はとにかく記録が多いことで知られており、業務後に様々な記録を作成しなければならず、これが従業員の大きな負担になっているのだが、同センターではシステム会社と共同開発で手書きの記録を必要としないＩＴ機器を活用したシステムも開発し、仕事が終われば書き物をせずに退社できる仕組みを整備し、従業員の負担を徹底的に減らしている。

またこのシステムは顧客である利用者にもメリットがあり、タッチパネルから今日施設内で何を行うかを、自分で決定する仕組みになっており、その結果利用者の自立性や主体性を引き出すことにつながり、ＣＳ向上にも大きく貢献している。

「職場環境面」でもＥＳ向上の様々な工夫が施されており、バックヤードとなる従業員の休憩室などはきちんと整備されている。店舗や施設系の企業は、顧客から見えるところはキレイに整備されているが、従業員が休憩したりちょっとした事務作業を行うバックヤードは簡素なつくりになっており、これが従業員のストレスや不満の種となり、ＥＳ低下の要因になるケースも多いが、同センターでは十分なスペースと設備を完備したものになっている。

加えて施設内には託児所も完備されており、資格を持った保育士もいるので、小さな子どもがいる主婦も安心して施設内の託児所に幼い子どもを預け、仕事に専念できるのだ。

日本も超高齢化社会を迎え、介護サービスの需要は高まっていくことになるが、サービスを受ける利用者も、サービスを提供する従業員も、双方が笑顔になれる介護事業者の存在が、これからますます必要になってくることは間違いないことであり、業界内においても同センターのようなＥＳ経営の成功事例が増えていくことを切に願いたい。

なおたんぽぽ介護センターの事例については、同社筒井社長の著書である「感動が幸せな職場をつくる～たんぽぽ介護の天使たち～：あさ出版」でも詳しく確認することができる。

4.　株式会社エルビー

なぜ食品会社のＥＳマネジメントは必須なのか

過去に海外及び国内の食品会社で故意の異物混入事件（冷凍食品に農薬を混入）という、起きてはいけない事件があった。

これらの事件は、いずれも従業員が会社に対する不満を募らせた結果、その腹いせとして人の口に入る食品に有毒な農薬を混入させてしまった、という要はＥＳの低下によって引き起こされた事件だったのだ。

この事件のように、ＥＳの低下は、生産性やＣＳの低下また不満退職にとどまらず、言語道断といえる不祥事を誘発させてしまう、大きなリスク要因にもなってしまうのだ。このような観点からも、食品会社におけるＥＳの取り組みは必須だと言ってもよいが、その好事例として次の会社を紹介したい。

エルビーは埼玉県に本社を置き、アサヒグループホールディングスのグループに属する清涼飲料メーカーだ。主にコンビニやスーパーなどで販売されるチルド飲料の製造・販売を行っている会社で、主力商品として『緑茶』『大人の紅茶』『味わいカルピス』等がある。

２０１４年から当社のＥＳ診断を実施し、年1回の頻度で定点観測を行っている。特質すべきは、２回目となるＥＳ診断で、10の大項目で全てまた小項目は50項目中49項目と、ほぼ全項目にわたってスコアＵＰを実現することができた同社の取り組み事例を、同社取締役の樋田憲一氏及び人事総務部の清水優氏からお聞きした。

―ＥＳ経営にコミットした背景は何だったのでしょうか？

エルビーは数年前にグループ会社と経営統合し人事制度を大きく改定したのですが、各種制度・手当などについての不満や、統合後の職場の一体感に欠けるといった声が聞こえていました。

また、工場の作業環境や労働条件には以前から課題があるとの認識を持っていましたが、具体的に何に不満を感じているのか、それが一部の人だけなのか大多数がそう感じているのか、ほかの不満点はあるのか等の詳細を把握していなかったため、まずは現状の問題点をしっかり確認すべく、ＥＳ調査の必要性を感じていました。

ＥＳの調査方法を検討していたところ、一般的な「社員満足度調査」では項目ごとの満足度・不満足度を数値で回答するのみですが、「フリーコメント」を重視する手法を行っている調査会社（当社）に出会いました。

上記のとおり具体的な問題点を確認したいという当社のニーズにぴったりの方法であり、質問項目もカスタマイズができるということで、人事制度や職場環境、労働条件に重点を置いた内容でＥＳ診断を実施しました。

従業員の生声は「宝の山」

―ES診断の結果を確認した、率直な感想はどうだったでしょうか？

ＥＳアンケートを回答するにあたり、フリーコメントの入力を必須としたことは社員に敬遠されるかと心配しましたが、結果は予想以上に多くの率直な意見が書かれ、非常に収穫の多いものでした。社員もこのように自分の想いや本音を吐き出す機会を望んでいたのかもしれません。

コメント内容は設問ごとにポジティブ・ネガティブ・ニュートラルに分類され、部門ごとに固めて表示されているため、どの部門にどんな傾向があるか一目瞭然でした。中には辛辣な意見もありましたが、挙げられた不満足点・問題点は、私たちからするとまさに「宝の山」と呼べるものでした。

このＥＳ診断により、従業員が会社に何を期待しているかをはっきり把握することができ、その後的確な施策立案につなげることができるようになりました。

―ES診断後の改善活動はどのように取り組まれましたか？

まずヒューマンブレークスルー社が企画してくれた管理職向けのES研修を受講、ここでES診断の結果を共有し、施策検討についてグループディスカッションを実施、改善の方向性についてのベクトル合わせを行い、ES改善に向けてのキックオフができました。その後具体的な課題解決には各部門長とともに取り組み、前述の「従業員の期待するポイント」を踏まえた施策を実施しました。

具体的には、コミュニケーションや組織風土改善のため、「全社あいさつ運動」の展開、全社横断で発足した「エルビーを考える会」でのビジョン策定、CSR（企業の社会的責任）活動の活発化、毎日の経営理念唱和などをスタートしました。

また人事制度や職場環境の改善として育児・介護支援制度の拡充や資格取得支援制度の整備、諸手当の改定、社員食堂の改善や給食補助手当の導入を実施しました。

その結果第2回ES診断では、ほぼ全ての項目で数値を改善することができました。このES診断は、実行した施策の効果測定としても非常にわかりやすく、「○○がとても良くなった」「□□が嬉しかった」など、ポジティブコメントも増加しました。

つまり、『ES診断によりポイントを押さえた施策を実施することで、容易に満足度を改善でき、効率的で効果的な経営活動ができる』ということが実感できました。

2回目以降のES診断では、また新たな課題も出てきました。今後も改善活動を継続し、社

員が活き活きと働ける職場を目指していきたいと思います。（取材内容はここまで）

トップのコミットメントがES向上の成功要因

同社では初回から2回目でES診断の大項目10項目全てのスコアがUPし、50の小項目においても49項目のスコアがアップしたという、多岐にわたり総合的なESの改善ができた好事例の1つとして紹介させていただいた。

よくESの講演やセミナーでいただく質問の多いものに、「ES改善の成功要因または失敗要因は何ですか？」という質問があるが、成功要因と失敗要因の両方に言えることは、やはり「トップのコミットメント」にかかっている。

トップがESの改善にコミットしていると、それは管理者へと伝播し、やがて現場にも伝わり改善活動が機能していくようになる。事実、このエルビーでも樋田取締役を中心にしたトップ層がコミットしたことで、様々な施策が検討され実行に移り、それが上滑り

エルビーのES診断結果の変遷

ES診断項目	1回目から2回目の満足度スコアの変遷
■総合満足度	↗0.18UP
1．経営ビジョン	↗0.22UP
2．上司のマネジメント	↗0.15UP
3．人事評価	↗0.23UP
4．仕事内容	↗0.10UP
5．自己成長	↗0.14UP
6．コミュニケーション	↗0.18UP
7．組織風土	↗0.19UP
8．職場環境	↗0.17UP
9．労働条件	↗0.15UP
10．福利厚生	↗0.22UP

をしない従業員の心にしっかりと刺さる有効な打ち手になったことが、2回目以降のES診断の結果から確認することができる。

ESの成功要因としてもう1つ付け加えるのであれば、同社もそうであるように、会社の人事部や総務部が、「自分たちの顧客は従業員なんだ、だからES診断は顧客の声を聴くことと同じなんだ」という意識があることも要因の1つだと感じている。

同社は今年で第4回目となるES診断が終了した。直近のES診断では、これまでESに取り組んできた変化について調査したところ、「会社を良くしていこうという意識や姿勢が向上している」といった声が多数確認され、実際に会社内や社員間でESの概念が根付いてきていることが大きな成果だといい、ESの改善から同社が目指す好ましい企業文化が醸成されつつあることがわかる。

また同社では、アサヒグループでも推進しているCSRへの取り組みにおいて、従業員も重要なステークホルダーの一員と位置づけ「働きがいのある職場・会社づくり」へも取り組んでいる。

ES向上へ取り組むことで、社員の幸福度や会社へのロイヤリティーが高まり、人的生産性も向上することで、ひいては当社の全てのステークホルダーや社会に対して満足度が高まるものと考え、今後もＥＳ向上への取り組みを継続していきたいと樋田取締役は力説されている。

5. 三栄グループ

理念をあえて問いかける

『お客様に喜ばれていますか？　あなたは光っていますか？　そして、楽しんでいますか？』と〝問いかける〟形式になっているユニークな基本理念を掲げ、従業員の成長を重視したES経営を推進している三栄グループ（柴﨑榮代表）は、東京都内でパチンコホールやカフェ飲食店などを10店舗展開し、今年度で創業70年になるアミューズメント業界の会社だ。

三栄グループでは、従業員が成長することで問いかけられた答えが進化していく、また基本理念を常に自分事として捉えてほしいという考えから、基本理念や行動理念をあえて問いかける表現にしている。

細かいルールをつくってしまうと、それだけやればいいという状況に陥ったり、自分で考える機会を奪うことにもつながりかねないといった背景から、従業員の成長を一番に考えた結果、現在のような問いかける表現方法になっていると、同社の柴﨑社長は言う。

従業員が成長し光輝くことが、店舗を光らせることになり、店舗が光り輝くことで地域を光り輝かせることにつながっていく、人と地域を光り輝かせる企業を目指していこうと、全社を挙げてグループで掲げる基本理念の浸透に余念がない。

図6ESロジックツリー（P36）のビジョンへの共感にある「経営理念・方針」また「事業戦略・運営」は、いわば経営の最も上流にあるテーマでもあり、これらの機能強化のために経営資源を投下することは、理屈から考えると当たり前のことだ。

しかしながら目先の売り買いに奔走してしまい、ここの部分がどうしても疎かになってしまうことで、本来の経営管理としての機能が発揮できず、ES低下を招いてしまっているケースは意外と多い。ES向上を図る同社では、この部分で次のような取り組みを行っている。

理念浸透の具体的な仕組みとしては、ツールとして「サンエイグループの歩み」という社史や、「三栄の歩き方」という理念体系やその意味などが解説されたハンドブックがあり、これらのツールをまず入社時に配布し2時間かけて柴﨑社長自らがレクチャーを行っている。

入社時教育が終わったあとは、社内学校である榮さん教室で再度学んだり、全店舗を休店日にして行われ全従業員が集う全社集会の場で、理念について改めて共有する機会がある。

またランクアップノートという日々の業務で活用する自己成長ノートにも、理念に関する内容が掲載されており、毎日のように理念に触れ考えさせるような環境になっているのだ。

「それってお客様が喜ぶの？」という行動理念も掲げており、この行動理念に対して、次のような従業員が考案した様々な具体的な行動規範も数多く策定されている。

「いつもコートを着たまま寒そうに遊技されているお客様が出入り口近くに座られた！　こういう時はブランケットをさっとお掛けしよう」

またこの行動理念で指している「お客様」とは、顧客のみならず自分以外のすべての人のことを意味しており、次のような行動規範にも反映されている。

「地域清掃の日をつくって自分のお店の前だけじゃなくこの商店街全体がキレイに保てるようにしよう！　仕事に行く方々に挨拶もちゃんとしよう！」

このように基本理念や行動理念をあえて問いかける表現にしていることで、具体的な規範や指針を従業員自らが考案する風土が醸成されているのは、特質すべきことではないだろうか。

幹部の合宿会議でゴールを共有

ＥＳについて当社が関与したのは２０１５年からであり、それまでは自社で独自のＥＳ調査を10年近く行っており、社内での調査に限界を感じたため専門コンサルタント会社である当社へ依頼があり、２０１５年から年に1回の頻度でＥＳ診断を行っている。

このようにＥＳへもかなり早い段階から着手していることもあり、先進的な取り組みをいち早く取り入れる風土があり、ＥＳへの取り組みも他企業と比較すると一歩先を進んでいる。

当社のＥＳ診断後にスタートした取り組み事例としては、図6ＥＳロジックツリー（Ｐ36）

の2番目にある「事業戦略・運営」でのさらなるスコアUPを図るために、毎年11～12月に幹部が一泊二日で合宿会議を行い、事業戦略や中長期のビジョンを策定する取り組みを行っている。

背景としてES診断で事業戦略・運営に関するフリーコメントを確認していくと、従業員に自社の事業戦略や事業計画面が十分伝わっていないことが分かった。

この課題に対して伝え方を工夫するだけにとどまらず、内容そのものの精度を上げていく必要もあるのではないかという認識に立ち、内容の見直しまた策定作業を日常業務の中での隙間時間で見繕うようなやり方ではなく、このためだけに時間を確保し幹部が膝を突き合わせて議論すべきではないかという考えから、会社の方向性やゴールを明確にし、共有するための合宿会議をキックオフさせ、毎年実施しているのだ。

この合宿会議では部門ごとに他部門への要望や期待する事項を、相互にフィードバックするような率直なディスカッションも行われており、中には新鮮な気づきが生まれたりすることもあり、部門間調整の機能もしっかり果たされている。

組織の規模を問わず他部門や他チームとの率直なコミュニケーションが滞っていくと、ネガティブな妄想が独り歩きし、やがてセクショナリズムが生まれてしまい、ES低下を招き組織の活力を削いでしまう事象に発展するケースもあるが、このあたりもしっかり押さえられている。

またこの合宿会議を行う上でのインプット情報としては、ESとMSを経営指標に位置づけている。ESは年に1回実施している当社のES診断結果を会社の健康診断指標と捉え、結果から課題形成を行い改善のためのアクションプランを策定し、来季の事業計画に反映している。

MSとは別名ミステリーショッパーといい、外部の会社に依頼し店舗の覆面調査を行い、顧客の視点から見た店舗内の課題を抽出する仕組みだが、このMS調査も年に複数回実施し、結果が合宿会議のインプット情報となっているのだ。

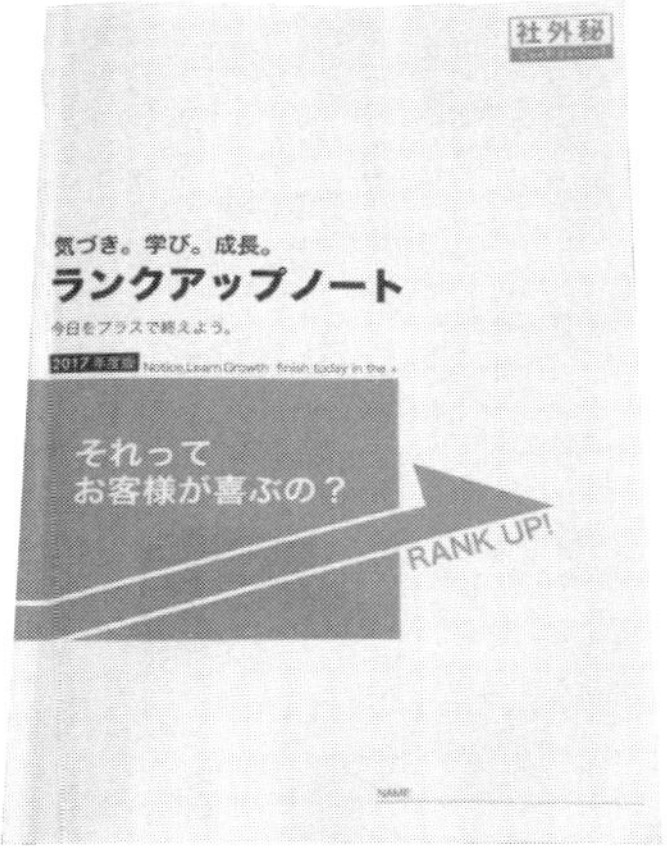

仕組みの核となるランクアップノート

ランクアップノートの偉大な力

「上司のマネジメント」を強化していくための施策としては、管理職向けの教育についても様々な取り組みがなされているが、同社業務本部の山本部長曰く、一番大きいのはランクアップノートの運用だという。

これは毎年2月に全従業員に配布される冊子で、社長メッセージから始まりグループの理念、中長期のビジョン、全社及び事業部別の新年度方針、自己変革マップ、四半期面談シート、私の年間目標（チャレンジシート）、年間スケジュール、月間行動表、日報（今日の気づき、今日の感謝、上司からのストローク）といった内容が詰まったものだ。全従業員が共有すべき情報がきちんと掲載され、かつ個々人が毎日を振り返りそれに対して上司がフィードバックする仕組みが、この1冊に凝縮されている。

このランクアップノートがあるからこそ、会社の目標と個人の目標をすり合わせることもできたり、上司と部下の良好な関係性が築かれる強力な仕組みになっている。

その結果ＥＳ診断での「上司のマネジメント」のスコアも毎回上昇しており、直近でもハイスコアな結果となっており、フリーコメントでは「上司の方々が部下に対して、気配り・思いやりを感じることがたくさんあり、大変有り難く思っています。ありがとうございます」といったポジティブなフリーコメントが過半数を占め、ハイスコアを裏付ける生声を確認することもできている。

今後のＥＳ診断では、従来の上司のマネジメントの設問内容はスコア上十分な結果となっていることからいったん卒業し、レベルアップした設問内容に変更することで、さらなる課題を抽出する取り組みへブラッシュアップを予定している。

「人事評価」の仕組みについては、一度策定すれば良いというわけではなく、常にメンテナンスが必要不可欠なものだが、多くの企業では後手後手の対応となってしまい人事評価の制度そのものの機能不全に陥り、ES低下を招いているケースが散見されるが、三栄グループでは人事評価についてもメンテナンスを怠らず、トライ&エラーを繰り返しながら、常に最適な制度へと進化させ続けている。

当グループの人事制度は単なる人事考課を行うことにとどまらず、3か月毎にキャリア面談を行う制度を採り入れ、個人のキャリアビジョンとリンクしていくような人事制度を運用している。また昇格試験制度も整備されており、どのような基準をクリアしていけばキャリアアップが図れるのかを明確に示し、キャリア支援の側面も兼ね備えた人事制度を整備し、継続的な改善を行っている。

気づきプロジェクトでスピード感のある改善がESを高める

「仕事内容」や「組織風土」面においては、「気づきプロジェクト」という現場で気づいた仕事上の改善提案を「気づきメモ」に記入し店長ボックスに入れ、入れられた内容については店長が全てにコメントを書いてフィードバックし、すぐにできることから即アクションを起こすという独自の制度を運用している。

「気づきプロジェクト」では、店舗内で気づいた様々な改善提案が間髪入れずに共有され、即できる改善にはすぐにアクションがとられるため、CS向上を中心にした、様々な改善活動につながっているという。

この仕組みにより、従業員からすると仕事内容での不要なストレスが軽減され、本来のコア業務に集中することができ、またいつでも従業員が意見を言える風通しの良い職場風土の醸成にもつながり、ES向上にも大きな効果を発揮している。

気づきメモの運用ボード

今「働き方改革ブーム」が到来しているが、実態は残業させまいと会社から社員を追い出す代わりに早朝出勤を黙認したり、号令だけで中身が伴っておらず、逆に従業員のESを低下させてしまっているケースもある。同グループの気づきプロジェクトのように、実態に即した中身の伴った改善をしていかないと、血の通った改革にはならないのではないだろうか。

「自己成長」では、人事評価でも紹介したキャリア支援以外にも、社内学校を立ち上げ階層別研修や、三栄50分教室、ビデオ学習ツールなど様々な教育プログラムを社内独自で開発したり、外部教育支援会社の研修なども積極的に取り入れ、従業員の成長支援には惜しみない取り組みが行われている。

「コミュニケーション」面では、部門間や店舗間の情報共有の促進のために、毎週月曜日に部門連絡会を行ったり、毎月1回「三栄グループ新聞」という社内新聞も発行し、情報共有のツールとして機能させている。

新聞の内容としては毎月変わるその月のテーマ、気づきプロジェクトの結果、新人紹介、三栄情熱大陸というタイトルの社員紹介、新制度のアナウンス、女性交流会の結果等となっており、毎年1回実施したES診断の結果についても、この社内新聞を通じて全従業員に、結果のフィードバックがなされている。

「職場環境」では、店舗で従業員が休憩や事務作業を行うバックヤードの改善を継続的に行ったり、サービス業の基本である5Sについても徹底を図り、顧客と従業員の双方にとってより良い職場環境の改善に注力している。

「労働条件」では。リフレッシュ休暇制度導入前は有給の取得率が98%と、有給が取得しやすい環境を整備したり、別途リフレッシュ休暇制度を導入するなど、休日取得への従業員ニーズにも十分に応えるような取り組みが展開されており、就業時間は7・5時間が基本順守され、残業や長時間労働もほとんど発生していない。

ＥＳ診断のスコアも回を重ねる毎にＵＰしており、前回行ったＥＳ診断ではある従業員から次のようなコメントが寄せられていた。

『何も知らない自分をここまで育て上げていただき感謝しています。今でも会社からの期待を感じることができています。業務だけでなく、人（お客さま・仲間・業者様）との関わり、地域との関わり、またプライベートでの相談まで様々なことを教えて、また助けて頂き、感謝の気持ちでいっぱいです。今度は私が部下や次の世代に伝えていければと思っております』

同業の離職率は平均数十％と高く人繰りが厳しい業界ではあるが、同グループにおいてはこのようなＥＳ経営の取り組みから従業員の定着率も極めて高く、年間の離職率はここ数年２％と、人手不足時代に対応した人繰りも実現することができている。

一般消費者のニーズがモノ消費からコト消費へと移行していくなど、ニーズが多様化していく娯楽・観光産業といったアミューズメント業界においても、今後事業者のイノベーションが求められる。

三栄グループはＥＳ向上を図りつつ、従業員への成長に経営資源を投下し、「人」の魅力でイノベーションを起こし、理念の実現に邁進していく企業グループだ。

6. 株式会社タカヨシ

離職率0％の店舗も生み出す小売業のES向上事例

ここ数年の傾向として正社員はさることながら、人手不足を背景にパート・アルバイトの採用も難しくなっていることから、非正規社員のES向上を図ろうとする企業が増えてきており、特に小売業や飲食業など非正規社員の比率が高い会社でも、ES向上が大きな経営課題となっている。

これから紹介するタカヨシは、千葉県に本社を置き、イオンなど大型ショッピングモール内で農産物直売所『わくわく広場』『農場長　田畑耕作』『クレイジーパントリー』といった小売店舗の経営とフランチャイズ展開を行う会社で、生産者とお客様の架け橋となることを目指し、食の小売り事業を行っている会社だ。

全従業員は1100名を超え、和シュランと呼ばれる独自の基準により、日本国内で生産された安心・安全で美味しい食材を発掘し、その食材を店舗で販売しており、現在全国で100店舗を超え、さらなる多店舗展開でなおも高い成長を続けている。

店舗系のビジネスは、人繰りがうまくいかず、最悪の場合店舗を閉店せざるを得ない事態に追い込まれる事例も最近ではよく目にするようになってきた。

タカヨシで最初に当社のＥＳ診断を実施した時は、まだ店舗数は50数店舗だったことから、ＥＳの改善で人繰りをうまくいかせながら、今や倍近い規模に成長している。

ＥＳの改善については、ボトムアップで改善チームを編成する独自のユニークな方法で改善活動を展開し、離職率０％の店舗が出現するなど、現在企業が悩んでいる離職の低減などの成果に結びつけているタカヨシの取り組み事例を、同社常勤監査役曽根田博氏からお聞きしました。

―ＥＳ経営にコミットした背景は何だったのでしょうか？

私たちは小売業であり日々店舗でお客さんと接する仕事がメインですので、まずＣＳ（顧客満足）のさらなる向上を図っていきたい、そのためにも店舗をもっと明るく活力のある現場にしたいと考えていました。

また今後全国に出店を積極的に行っていくために、この人手不足のご時世の中、人材をしっかりと確保していく必要があります。そのためにはＥＳを向上させ今まで以上に従業員の定着率向上と新規の採用力を強化したいという考えで、まず社内でＥＳについて研究することになりました。

ＥＳに関する書籍から研究を進める中で、一番響いたのが志田さんの執筆した本だったので、早速コンタクトをとらせていただき、正社員全員とメイト（メイトとは非正規社員に対するこの会社の呼び名）はサンプリングである数店舗のエリアのみに限定した上で、ＷＥＢ回答によるＥＳアンケートの実施を行いました。

―ＥＳ診断の結果を確認した、率直な感想はどうだったでしょうか？

ＥＳアンケートの回答結果について、正直メイトさんの結果についてはあまり期待していなかったのですが、フリーコメントなどを確認していくと、仕事のことや顧客のことを真剣に考えている真摯な姿勢や、この仕事を通じてもっと地域社会に貢献していきたいといった生声に触れることができ、自分たちが認識していた以上に高い意識があることが分かりました。

そうであれば、現場である店舗でもっとメイトさんが働きやすい職場環境を、会社としても整備していかないといけないと考え、ＥＳの改善活動に取り組んでいくことになったのです。

委員会によるボトムアップのＥＳ改善でかゆい所に手が届く

―ＥＳ診断後の改善活動はどのように取り組まれましたか？

まずヒューマンブレークスルー社が企画してくれたＥＳ診断結果報告会に、事務局＆経営陣が参加し結果を共有化し、その後ＥＳ改善検討会を行い、改善の方向性をある程度明確にしました。

さらに現場に即した改善内容にブラッシュアップするため、定期的に行っている店長会議で再度ＥＳ診断の結果を共有し、この中で8つのＥＳ改善の委員会となるチームを編成し、具体的な打ち手を講じていきました。

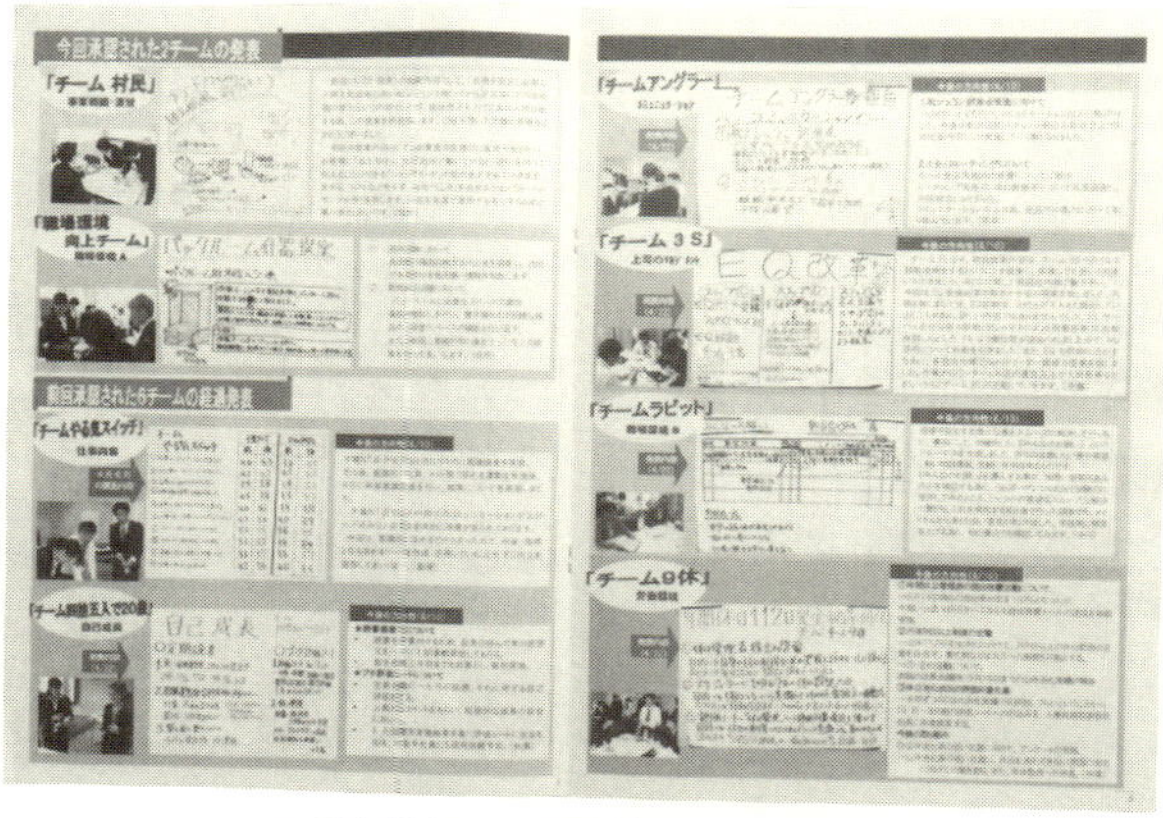

ES連絡報でES改善チームを紹介

また今回のＥＳ診断結果や今後の改善について、全従業員にもフィードバックするため、当社では「黎明即起」というタイトルのＥＳ連絡報を新規で作成、2か月に1回の頻度で発行するようにし、この中でＥＳ診断結果の内容やＥＳ改善チームの紹介、また改善の進捗状況をアナウンスしていくことになりました。

会社の全体的なＥＳの改善とは別に、より現場である店舗やメイトさんに有効な施策を推進していこうと、このようなボトムアップのＥＳ改善チームを編成しスタートしていったのです。

このＥＳ改善チームで取り組んだ内容としては、具体的には、コミュニケーションの活性化のために店舗でのスタッフミーティングを導入したり、働きやすい職場環境とくにバックルームを改善するために、必要な店舗の修繕やバックルーム用多段ラックを手作りで試作し導入、夏場は冷たい飲料を店舗に届けるクールサポートプロジェクト等を行ったり、かゆい所に手が届くようなアクションも展開していきました。

新たな理念・コンセプトが誕生

また全社横断的なＥＳ改善としては、有休が取得しやすい環境整備や残業に関する改善も行いました。

そしてこのＥＳ診断をきっかけに新たな経営理念や事業コンセプトを再構築することにもつながり、企業活動を通じて「お箸の国の喜びを」伝える、創造する、分かち合う、など和食文化の素晴らしさを顧客や取引先に提供したり、その架け橋となることで社会貢献していこう、という新たな理念やコンセプトが策定できました。

このようなＥＳ改善を行い、以前よりもクレームは減り顧客の評価も高まり、1店舗当たりの売り上げは増加傾向にあります。また最近では離職率０％の店舗も生まれており、従業員の定着率も向上しています。

それからこの活動を通じて仕事で関わる人（生産者・顧客・社員）を思いやる風土も醸成されてきているのをとても感じるのと、社員・メイトの主体的また自発的な発言や行動も増えており、さらにこの好循環サイクルを回していきたいと考えています（取材内容はここまで）。

タカヨシではＥＳ診断をきっかけに生まれたＥＳ連絡報が現在はさらに進化し、「ＷＡＫＵＷＡＫＵ通信」という社内報に形を変え、配布方法も従業員の自宅に送付されており、必要な情報が末端の従業員にもしっかりと届いていく仕組みが整備されている。

株式上場という次のステージへ上がっていく準備にも着手されており、同社は企業の成長とＥＳ向上を同時に実現しようとしている、小売業の成功事例ではないだろうか。

7. 株式会社サニクリーン九州

おそうじマイスターで職場環境をコンサルティング

人手不足の時代にあっても、「人」を介在するサービスやビジネス形態にこだわった事業展開を行い、ES経営に取り組んでいるのが、サニクリーン九州だ。創業50周年を迎え、社員数は1600名を超え、福岡を拠点に九州・沖縄エリアにおいて60か所の営業拠点を持つ。

「清潔・快適提案企業」として、マットやモップ、空気清浄機、浄水器、ユニフォームなどクリーンアイテムの定期的レンタルサービスと販売、また、食品工場や病院、事務所などへの清掃オペレーションサービスを軸に、法人における快適な職場環境のコンサルティング・家庭における空間全体のさわやかな環境づくりをサポートしている。

「みんなの力を結集し、努力がむくわれる働きがいのある会社をめざす」を企業理念の1つとしており、商品開発に注力するだけではなく、「人」を介在するビジネスモデルにこだわった経営スタイルから、そのための組織開発・人材開発にも余念がなく、この中でESが大きな経営の旗印になっているのだ。

同社がES向上へ取り組んでいる、3つの施策（おそうじマイスター、メンター制度、マネージャーMQ）について紹介したい。

職場環境の良し悪しが比例してESにも様々な影響を与えているため、職場環境の整備はES上それぞれの企業で適切な対応が必要になる。

この分野で店舗やオフィス、家庭のキレイで清潔な環境づくりのノウハウを長年培ってきたサニクリーンでは、社員は「プロのおそうじアドバイザー」をモットーに、様々なおそうじの悩みに幅広く対応できる知識と技能を持つ人材を育成する「おそうじマイスター制度」を導入している。

これはおそうじに関する正しい知識、技能（ノウハウ）を身につけるべく、おそうじマイスターに関する研修を受講し、ここで支給されたテキストを社員が自己学習し、後日筆記試験と実技試験の両方を受験し、合格者にはおそうじマイスターという社内資格が認定され、おそうじマイスターのピンバッチの支給や名刺にマイスターとして表示される制度だ。

この制度を通じて全社員に対して〝キレイ〟に関する力量アップを図っており、清掃や清潔に関して体系的にしっかりと学ぶことで、社員も新しい気づきを得ることができ、仕事に生かすことができているという。

実際にお客様との接点でこの力を発揮することで、お客様に喜ばれたり感謝されたりすることが増え、CS向上につながっており、このことが社員からすると嬉しく仕事のやりがいを生み出しているのだ。

星野リゾートの事例でもそうであったように、これまでのＥＳ診断の結果からも、顧客の喜びや感謝が、社員のやりがいやＥＳ向上につながっているケースは多く、ＥＳを考える上で実はＣＳが近い距離にあるということが、同社の事例でも確認することができる。

また仕事の報酬は仕事そのものだという言葉があるとおり、内発的な動機づけの要因として、仕事のやりがいを高めさせることはＥＳ上極めて有効だ。

メンター制度で学び合う風土が生まれる

採用活動がひときわ厳しくなっている。また企業側にとっても学生にとっても採用・入社はゴールではない。苦労して採用したところまでは良いが、採用後に早期離職となってしまうと企業側は大きな痛手を負うことになる。

従って入社後の環境や教育またリレーションが大事になってくるものだが、同社ではこの新入社員の定着率向上の施策として、「メンター制度」を導入している。

先輩社員をメンター、新入社員をメンティーとし、メンターに任命された社員は、あらかじめ社内のメンター養成研修を受講し、メンターとしての在り方や新入社員とのリレーションの取り方また指導方法を学び、新入社員の入社後1年間メンターとして新入社員に対して、随時必要な声かけや面談または同行などを行い、指導及びリレーションをとっていく。

メンター制度は、もともとは早期リタイヤ者を出さないための制度として採り入れられ、その効果も発揮し、制度導入前と比較すると早期退職者は激減している。またこの制度導入の副産物としては、メンター及びメンティー相互のモチベーションUPや学び合う風土を醸成することにもつながったという。

1年間のメンター制度が終了する際はそれぞれお互いに食事を共にし、1年間の想いをメッセージにしたため、メッセージ交換を行う。メッセージの写しは事務局に提出されるようになっており、中には「自分も数年後には○○さんのようなメンターになりたいと思います、本当に1年間ありがとうございました」というような内容も多く散見されており、メンターからするとこのようなメッセージがやりがいの向上、メンティーからするとロールモデルができるというように、結果として双方のES向上につながる制度になっているのだ。

リーダーの変革を導いたマネージャーMQ

図6ESロジックツリー（P36）のマネジメントの適切さにある「上司のマネジメント」は、ES診断上ほとんどの会社で重要度のベスト3に入ってきやすい項目で、ESを考える上で大きな影響を及ぼし、またカギを握っている項目と言ってもいいだろう。

この上司のマネジメントの部分を当社としても支援すべくマネージャーMQというプログラムを開発しており、同社においても同プログラムを有効活用してもらっている（マネージャーMQは第3部のP152以降で解説するが、マネージャーに求められている行動特性を個人毎に偏差値で可視化し強みや弱みをつかんだ上で、マネージャーとしてよりふさわしい行動が発揮できるよう、自己開発をサポートするプログラムだ）。

同社ではES向上のため、事業所をリードし、部下が自ら成長する状態をつくり出す自律支援型リーダーシップを発揮させるための人間力向上を狙いとし、リーダー自身の行動の気づきを促すことを目的にこのマネージャーMQを導入している。

同社の60か所ある営業所は人数でいうと平均30名前後となるため、ちょっとした中小企業の規模である。従って営業所の所長は社員にとって言うならば中小企業の社長のような存在でもあり、営業所の所長が変革していかないと職場のES向上は難しいとも考え、このあたりを様々な教育で後押ししていこうと取り組まれている中の1つが、マネージャーMQとなっている。

マネージャーMQの研修受講アンケートを拝見すると、リーダーに必要な人間力の内容や部下との関係性について学び、現在の自分自身の立ち位置も理解できることで、職場活性とESの向上に必要な解決策を習慣化できるなど、受講者からは「現場で役に立つ」との感想を持ってもらっている。

リーダーである管理者が、他者のせいにせず、人間力向上に真摯に向き合っていくきっかけになっているとの実感を持ってもらい、当初は営業所の所長クラスの管理者を対象に導入したが、現在はこれを係長そして主任クラスへと対象範囲を拡大している。

〝いい会社づくり〟に向けては、「お客様の満足」「地域社会への貢献」「協力企業とのパートナーシップ」と併せて「ＥＳの向上」が不可欠だと考えられており、これまで紹介したようないくつもの施策を実施することで、社員の笑顔が増えているという。

しかしながらまだ道半ばで、これからも取り組みを継続し、さらによりいい会社づくりに取り組んでいきたいと同社の経営陣は力説

マネージャーMQの活用フロー

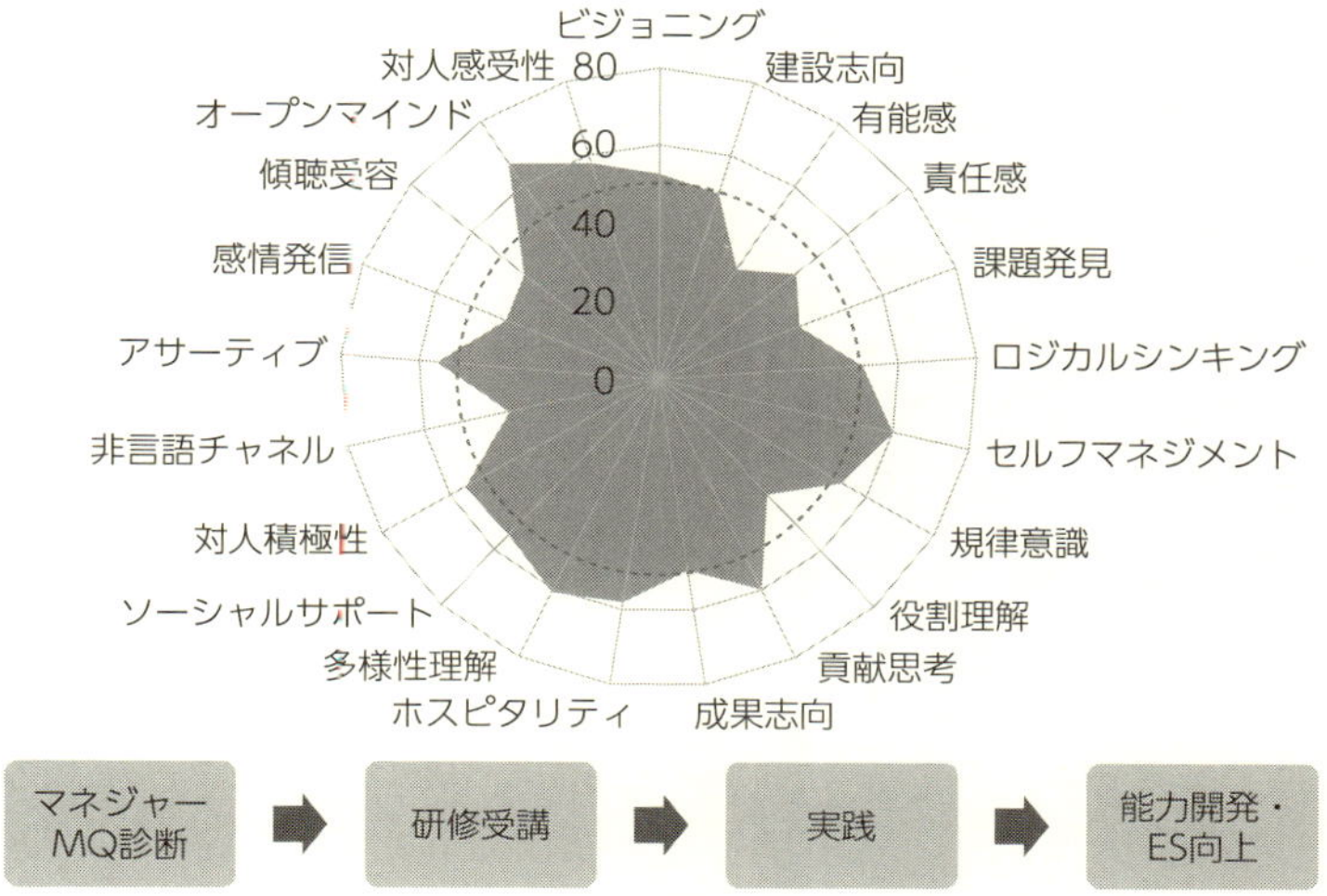

されている。

同社は第45期を迎える2011年に「KIREI革命」をグランドビジョンとして打ち出した。これは顧客、社員、社会との3つの接点を大切にし、それぞれに対する接点価値の向上に重点を置く改革に取り組んでおり、中でも重視したのがES向上で、そのための施策として本書で紹介した3つの仕組みが生まれている。

企業の成長面でもES向上の取り組みは大きく貢献しており、この転換点となった第45期からのちは、業績も右肩上がりの成長モードに入っている。


著者が同社の営業所長向けのマネージャーMQ研修で登壇した際、研修後にコミュニケーションをとる機会がいくつかあったのだが、そこでとても印象的だったのは、総じて会社や先輩社員に対する感謝や愛着を言葉にされる方が多く、このような風土や文化が形成されているのは素晴らしいと感じたことを覚えている。

同社のように管理者のESがしっかりしていると、それは一般社員にも確実に伝播していき、やがて組織全体のESも確かなものになっていくのだ。

8. 仙台協立グループ

ミッションは「かけがえのない企業」になること

東日本大震災から6年が経ち、被災地復興への歩みは1歩ずつ前進している。被災から力強く立ち上がり、宮城県仙台市に本社を構え、東北経済圏の中心となる仙台で11棟の不動産（事務所ビル、飲食店ビル、店舗ビル、マンション、ホテル）を保有し、不動産事業とホテルの運営サービスを展開しているのが仙台協立グループだ。

「お客様にとってかけがえのない企業になる」を経営理念として掲げ、そのために「自分たちにしかできない仕事」は何か？　を常に研究しながらＣＳ（顧客満足）の向上に熱心に取り組んでいる企業グループである。

２０１４年から年１回の頻度で当社のＥＳ診断を実施しながら、ＥＳの改善活動を展開しており、第3回のＥＳ診断では、当社が定めるＥＳグレートカンパニーの基準を超えた同グループの取り組み事例を、同グループ社長の氏家正裕氏・室長の岡崎梓氏からお聞きした。

―ＥＳ経営にコミットメントした背景は何だったのでしょうか？（氏家社長へ）

当社は１９６６年に創業し半世紀にわたり事業展開を行ってきました。その中で２０１１年には東日本大震災も経験してきたのですが、弊社の経営理念の中に「全スタッフの物心両面の幸せを追求します」という内容を新たに追加するにあたり、この理念を単なる謳い文句で終わらせるのではなく、その実現をしっかりと目指していくために、具体的なアクションに結びつけたいと考えました。そのためには、まず自社のＥＳの実態把握を行わなければならないと考え、ＥＳ診断の導入を意思決定しました。

―ＥＳ診断の結果を確認した、率直な感想はどうだったでしょうか？（氏家社長へ）

ＥＳ診断結果を確認すると、ヒューマンブレークスルー社の特徴である、社員の生声ともいえるフリーコメントが項目ごとにしっかりと確認することができ、ＥＳ向上に向け必要な課題をはっきりとつかむことができました。

また弊社では、ＥＳ診断と同時に経営者および管理職で個人の行動特性を診断できる「マネージャーＭＱ」も受検したことで、ＥＳ向上は会社や経営者だけが改善するものばかりではなく、管理職の存在で大きく左右され、また管理職自身も変革しないといけないことも理解できました。

ＥＳ診断の1回目では、経営陣である私も含め、厳しいコメントも存在していました。ただそのようなコメントが出てくるに至った背景やその原因は、自分自身の行動特性にあることが、マネージャーＭＱ診断の結果で理解できたのも、目からウロコで非常に納得しうるところが大きかったです。

また課題ばかりではなく当社の「強み」も理解することができました。それはＥＳ診断項目にある「当社の顧客に対する対応や姿勢」という項目の満足度（スコア：３・９０）および重要度（スコア：４・６１）の両スコア（共に5点満点）がとても高く、フリーコメントからも「会社の顧客重視の姿勢に共感する」といった声もたくさんあり、「顧客にとってかけがえのない企業になる」という当社の経営理念が、現場でも理解されまた浸透している側面があると捉えることができました。

毎月発行する「ＩＮＦＯニュース」で会社のメッセージが浸透
―ＥＳ診断後の改善活動はどのように取り組まれましたか？（氏家社長へ）

やはり一番大きな改善活動は「マネージャーＭＱ」を活用した経営陣まで含めた管理者層の行動特性をよりふさわしいものにしていく活動でした。そのためにＥＳ診断の結果報告と同時に「マネージャーＭＱ」の研修を受講し、個人ごとにアクションプランを立て研修後に実践していきました。

この初回導入の半年後には2回目となる「マネージャーＭＱ」を受検、フォローアップ研修も受講し変化の確認とさらなる課題を抽出し、マネージャーとしてのふさわしい行動特性の定着に取り組んできました。

　仕事内容や自己成長の改善としては、パート・アルバイトまで含めた全スタッフへキャリアパスを導入し、各職位の業務条件と責任範囲を明確化することで、仕事の達成や承認の度合いが明確になる仕組みを導入する取り組みにつなげました。

毎月発行されているINFOニュース

　コミュニケーションや組織風土面の改善としては、あいさつ運動や感謝・承認運動の推進、また称賛のステージづくりのための全体会議やＩＮＦＯニュース等でのブラッシュアップを図ってきました。

　また職場環境でもハード面での課題が見えましたので、さらに詳しい実態把握を行った上で、すぐにできるものから着手しました。労働条件については残業削減や休日取得が実現しやすい仕組みも整備しています。

―ESに取り組み会社が変化した点は、どんなことですか？（岡崎室長へ）

ＥＳに取り組む前は本社や氏家社長が遠く感じることもあり、トップや会社のメッセージが現場に届かないこともありましたが、ＥＳの取り組みでミッション手帳の導入と毎週月曜日に本社と全店をハングアウト（テレビ会議）でつなぐ朝礼、そして毎月のＩＮＦＯニュースを発行することで、会社（氏家社長）からのメッセージが私たちスタッフに対し、すごく身近に感じることができるようになりました。

その結果、会社のミッションを理解して行動するスタッフが増えたと実感しています。そのほか、サンキューカードの導入で「ありがとう！」という言葉が社内で多くなりました。１か月間で多い店舗は80枚以上のサンキューカードでありがとうの言葉が表現されています。掲示板を見て、ふと嬉しくなり、自分を元気にしてくれ、笑顔になり、また頑張ろう！　と思える場ができました（取材内容はここまで）。

ＥＳグレートカンパニーとして表彰

　同グループは会社のミッションを本気で具現化しようと、ＣＳという観点から強烈な使命感による顧客満足の追求を行ってきた会社が、次のステージとして、「従業員の物心両面の幸せを追求する」というＥＳのミッションを具現化しようと、ＣＳとＥＳの両面の向上から経営の好循環サイクルを回している好事例ではないだろうか。

　またＥＳに取り組み改善が進むことで、経営者がやりたい施策が社内でスムーズに推進できるようになってきた、とも氏家社長は言う。

　これらの成果を裏づけるように、直近の３回目となるＥＳ診断では、総合満足度（５点満点）で３・５４と３・５０以上のハイスコアを達成したことで、会社のミッションを本気で浸透させようとする氏家社長の経営姿勢も称え、当社が定めるＥＳグレートカンパニーの表彰

同グループのES診断・総合満足度の変遷

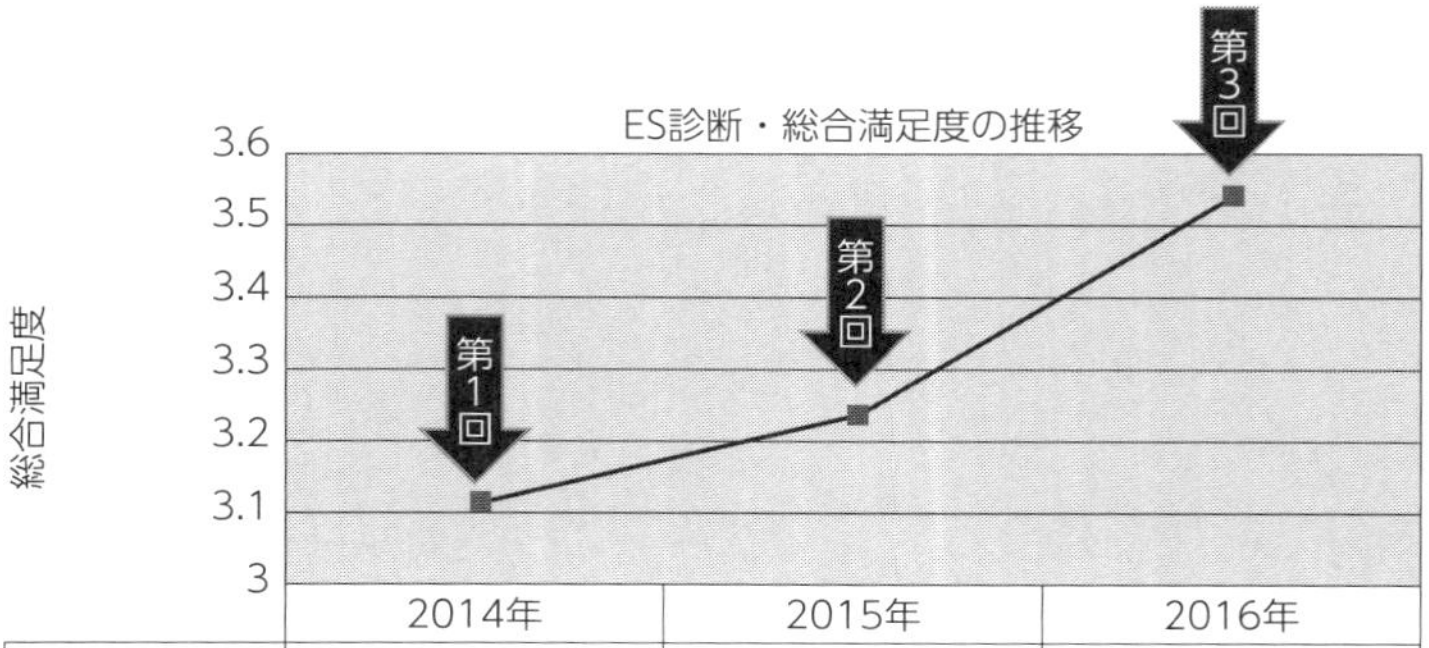

	2014年	2015年	2016年
総合満足度	3.12	3.24	3.54

をさせていただいた。

経営理念の中に、顧客や従業員に対して耳障りの良いフレーズが並んでいるケースは多いと思うが、果たしてどこまで本気で取り組もうとしているか、会社によってかなり温度差があるのではないだろうか？　ＥＳ向上を考える上でも、経営理念が単なる謳い文句になっていないか、振り返ってみる必要がある。

また同グループのこれまでのＥＳ向上の成功要因について、別途アンケート調査を行ってみると、「年１回継続的にＥＳ診断を実施し、改善に結び付けていっている会社の取り組み姿勢」が最多回答数のトップとして浮かび上がった。

定期的にＥＳ診断を実施し続けることが、会社がＥＳにコミットしていることを、従業員に認識・浸透させていることにつながっていくのではないだろうか。

ＥＳも一過性や思いつきではなく、繰り返し継続することで得られる成果があることを、同グループの事例から学ぶことができる。

9. 福岡運輸システムネット株式会社

1人当たりの売上は1億円を超える物流業

人手不足の影響をまともに受け、人繰りがまさに最大の経営課題となってきているのが運送・物流業界ではないだろうか。このように人手不足のど真ん中の業界にいながらも、高い生産性とESを実現したES経営を行っているのが福岡運輸システムネットだ。

同社は福岡を拠点に、全国に17か所の営業所と支店、海外には韓国の釜山に支店を展開。商品の管理や加工、組み立てまで引き受ける「3PL事業」と海外ネットワークを生かした「国際物流」を新たな事業領域に加え、多彩な顧客ニーズに対応したスピーディーで高付加価値物流の提案を行っている物流業の企業だ。

1人当たりの売上高が1億円を超える高い生産性を実現しており、ES向上から生産性向上を実現しているモデル企業として、拙著『顧客と会社を幸せにするES経営の鉄則』（中央経済社）でも詳しく紹介しているが、新たな施策なども含めた取り組み事例を、同社総務部長の佐藤勝彦氏からお聞きした。

―ES診断導入を意思決定した背景は何だったのでしょうか?

弊社では、山口最高顧問が社長を務めていた頃から、弊社なりにＥＳの重要性を理解した経営を行っておりましたが、これまで我流で行ってきたＥＳ経営を客観的に確認し、さらなる課題を抽出しようと、２００７年に初めてヒューマンブレークスルー社にＥＳ診断をお願いし、以後定期的にＥＳ診断を行ってきています。

―ES診断後の改善活動はどのように取り組まれましたか？

第1回のＥＳ診断で「仕事の仕組み」「コミュニケーション」「職場環境」「自己成長」の４項目を重点課題として捉え、それぞれに対して改善活動を展開しました。

仕事の仕組みについては、基幹システムが現状と合わなくなってきたことが、生産性向上の阻害要因になっていることが分かったので、最新の基幹システムにブラッシュアップし、現在も継続的な改善を行っています。最近では業務のスリム化を推進しようと、重複している業務を1本化するなど、業務の効率化を高める取り組みにもつなげています。

コミュニケーションはまず上司と部下間の改善の必要性があったため、３か月に1回の個人面談を行う仕組みを導入し、現在も取り組みを継続しています。この面談では会社に対すること、職場に対すること、上司に対することという3つの接点で困っていることや日頃感じている忌憚のない意見を吸い上げる仕組みになっており、結果は事務局でも共有しています。

職場環境については営業所の人数が増えているにも関わらず、ハード面の整備が追いついていない現状が分かりましたので、ハード面の整備を進めていきました。これに加えて通勤でくたびれてほしくない、また家庭や自己啓発の時間を大事にしてほしいとの観点から、社宅を２km以内にし、自転車通勤ができるための環境も整備しました。

読書感想文が1冊の本に

４つの課題の中でも一番重点的に取り組んだのが「自己成長」で、様々な改善に取り組みました。ＥＳ診断の実施前までは社内の教育制度が十分に整備されていなかったこともあり、まずは階層別（幹部クラス、営業所長クラス、課長クラス、一般社員クラス）の教育制度を構築し実施していきました。

また当社ならではのオリジナルな教育制度も導入しました。それは毎月１回社内で課題図書を決め、それを全員で読了し読書感想文を提出するというものです。

《ES上の課題と施策の概要》

課題となったES診断項目	原因	主な施策
仕事の仕組み	基幹システムが現状と合わなくなり、仕事の生産性向上の阻害要因になっている	最新の基幹システムにブラッシュアップを行う、重複している業務を統合するスリム化を推進
コミュニケーション	上司とゆっくりコミュニケーションをとる機会がない	3カ月に1回の個人面談をスタート
職場環境	営業所のハード面のインフラ整備が現状に追いついていない	営業所の移転・改装・その他ハード面のインフラの整備を実施
自己成長	教育訓練・自己啓発制度がきちんと整備できていない	階層別に教育訓練制度を整備、課題図書・番組で自己啓発支援を推進

社員がせっかく提出してくれた読書感想文ですので大事に扱い、全社でシェアする必要もあるとの考えから、定期的に読書感想文をまとめた小冊子を作成していましたが、平成24年9月にこれを1冊の本にすることにしました。社員1人ひとりの顔写真と代表的な読書感想文がそれぞれ本の中で掲載されています。

この制度のスタート段階では反対意見もありましたが、現在も同制度は続いており、この本の中でも次のような社員のこの制度に対する感想が掲載されています。

「課題図書を毎月読みレポート提出することで知識が身に付き、日常の業務にも役立っています」

「毎月読書を重ねるうちに、これらの本に出逢えなかったら、自分は今どう動いていただろうと考えることがあります。読んで自分に置き換え、自分を磨くことの大切さがやっとわかった。感謝です」

「課題図書が始まったことで、それまでの価値観や視野が１８０度と言っていいぐらい変わりました」

このように自分たちが書いた読書感想文が本という形になることで、社員の学ぶ意欲をさらに喚起し、萎えさせない打ち手になってくれるといいなと考えています。

ＥＳ診断も今年で10年目になりますので、課題や施策もかなり出尽くした部分もあるかもしれませんが、組織は生き物でもあり刻一刻と変化していきます。今後もＥＳ診断を通じて会社の中の問題点や社員の見方・考え方のギャップやズレなどをつかみ、的確な施策立案につなげてきたいと考えています（取材内容はここまで）。

会社と従業員が相互に思いやる風土が育まれる

ほかにもＥＳ向上の施策として、毎年男性社員の奥さんの誕生日にお花を贈る取り組みも始めている。さらに女性社員やパート従業員に対しても同様に誕生日にお花を贈っており、会社を支えてくれている社員の奥さんや縁の下でがんばってくれている女性社員・パート従業員に対する感謝の気持ちを具体的に示す取り組みも行っている。

課題図書の読書感想文を１冊の本に

また同社では従業員の健康増進支援も手厚い制度が用意されており、健康診断は年2回まで会社支援で受診ができ、それだけでも充実しているのだが、以前は幹部以上に人間ドックが受診できるようになっていたが、今年からこの人間ドック受診を40歳以上に適用範囲を広げ、会社の大事な財産である社員の健康支援にも惜しみないサポートが設計されている。

この人間ドック支援のおかげで、ある社員が初期段階での症状を見つけることができ、この社員の家族が会社にお礼を言いに来たというエピソードも過去にあったという。

直近のＥＳ診断のフリーコメントでも次のように、会社に対して感謝の気持ちを表明する声がたくさん集まっている。

「日頃の社員に対する待遇に、大変感謝しております。継続中の取り組み並びに新しい取り組みを結果が出るまで行い、必ず目標数値を達成させたいと思います」


ＥＳへの取り組みが全従業員にしっかりと届いており、だからこそ従業員が何とかそれに報いようとする素晴らしい組織風土が同社には形成され、それが驚異の高い生産性を実現する、経営の好循環サイクルを動かしていくエンジンになっている。

当社も創業当時から約10年ＥＳ診断でお付き合いを継続させていただき、その変遷を共有しているが、ＥＳに関しては成熟した境地に入っており、また常に課題を見いだそうとしている姿勢にいつも頭が下がる思いである。

10. 株式会社フェアリィー

「働くママの負担を減らす」がコンセプト

女性の就業機会を増やすことが人手不足の対策の1つとして考えられ、女性活躍推進法という法律も平成27年8月に国会で成立しており、政府も主導し働く女性を支援する動きが年々広がり、実際に共働き世帯は増加している。

一方で都市部における待機児童問題はいまだ解決しておらず、幼い子どもを保育所に入れる親たちの「保活」は厳しいままとなっているのが現状だ。

このようなご時世の中『働くママの為に負担を少しでも減らせたら』をコンセプトに、保護者のサポートや貢献に重きを置き、待機児童の解消に一躍を担っているのが、埼玉県内で8拠点の保育園を運営し保育サポートを展開している、ふぇありぃ保育園だ。

2015年から年1回の頻度で当社のES診断を実施しながらESの改善活動を展開し、離職の大幅な低減を図り、保育士の定着率向上を実現している同社の取り組み事例を、株式会社フェアリィーの社長玉居子高敏氏からお聞きした。

―ES経営にコミットした背景は何だったのでしょうか？

昨今、あらゆる産業で人手不足が加速していますが、当保育園業界も御多分にもれず、ニュース等でも御承知のとおり、人手不足が深刻な業界の1つとなっており、ここの部分が業界全体の経営課題になっています。

当社でも課題視していたこの人手不足の経営課題を改善していくためには、保育園で働く保育士さんたちのESを向上させていかなければならないのではないかと考えていたところ、志田さんのESに関する著書を拝読したことがきっかけとなり、まずはESの実態把握を行おうと、ES診断を実施する運びとなりました。

―ES診断の結果を確認した、率直な感想はどうだったでしょうか？

当初は本当に園の職員が本音を書いてくれるのか、とても心配していました。しかしES診断結果を確認すると、ヒューマンブレークスルー社の特長である、社員の生声である本音が、フリーコメントの項目ごとにしっかりと確認でき、ふだん社長には話してくれない職員の本音などが明快に分かり、ES向上に向け必要な課題とヒントをはっきりとつかむことができました。

また、課題ばかりではなく、当社の強みも理解することができました。それはES診断項目にある「コミュニケーション」という大項目の満足度（スコア：3・68）、および重要度（スコア：4・15）の両スコア（共に5点満点）がとても高く、「スタッフ同士のコミュニケーションや関係が良好なので、とても働きやすい環境だ」といったフリーコメントもたくさん寄せられました。

リーダーは時には役者になれ
―ES診断後の改善活動はどのように取り組まれましたか？

第1回ES診断での大きな課題が、「上司のマネジメント」、「人事評価」、「職場環境」、「労働条件」でしたので、この4項目を重点課題として捉え、必要な改善活動を実施してきました。

「上司のマネジメント」については、トップ層の職員に対する関わり方の部分で改善すべき内容があったため、リーダーとしてふさわしい行動特性を発揮すべく、トップ層の自己変革に取り組みました。

というのも、ES診断の結果報告会で志田さんから言われた、「リーダーは時には演じ切らないといけないときもある」という言葉がとてもグサっと刺さったんです。「自分は○○な性格だから○○のようなことはできない」そんな言い訳をリーダーはすべきでない、たとえ苦手なことであったとしても、それは演じてでもリーダーとして必要な役割を果たさなければいけないと。

その結果第2回ES診断では、この「上司のマネジメント」の満足度スコアが0・65ポイントも大幅に向上しており、ヒューマンブレークスルー社からもこのような大幅な改善は過去例がないと言われたほど、ドラスティックに変化させることができました。

「人事評価」の部分については、明確な賃金体系を整備したり、実際に給与面ではベースアップも行った結果、第2回ES診断では満足度スコアが向上していました。「人事評価」についてはまだまだ改善すべき部分もあり、改善活動を継続していきたいと考えています。

「職場環境」については、保育園内のハード面についての課題がありましたので、PCの入れ替えを行うなど設備・什器・備品面でできるところから打ち手を講じた結果、第2回ES診断では満足度スコアが大幅に向上しました。

「労働条件」については、休日取得に関する体制の強化とそのための人員確保に向け様々な対策を講じた結果、第2回ES診断では満足度スコアが大幅に向上しました。

「職場環境」と「労働条件」も引き続き継続的な改善を推進していきたいと考えています。

ESで人が定着する職場環境に大幅改善
—2回目のES診断の結果から分かる、会社が変化した点は、どんなことでしたか？

第2回ES診断の結果では、第1回の結果と比較し、総合満足度及び全10項目では2／3以上となる7項目で満足度スコアが向上しました。

特に先ほどお話した重点課題だった4項目でスコアが向上したこともあり、第1回ES診断後に講じた打ち手は、ある程度有効性があったと認識することができました。

また第2回ES診断では、「前回のES診断から会社が変わったことは何か？」「当社の強みや誇れるものは何か？」といったフリーコメントのみの設問を設計してもらいました。

「前回のES診断から会社が変わったこと」の集計結果では、1位が「トップ層が変革されている」、2位が「働きやすい職場環境になった」といった回答結果となっており、人材の定着率を高め人手不足を解消していくための職場環境の整備は、ES診断後の改善で1つ前進させることができたと捉えています。

また「当社の強みや誇れるものは何か？」という設問の結果は、円グラフのような内容となっており、「保護者への貢献度が高い」が第1位、「スタッフ間の連携の良さ」が2位でした。

職員から見た当園の強みや誇れるもの

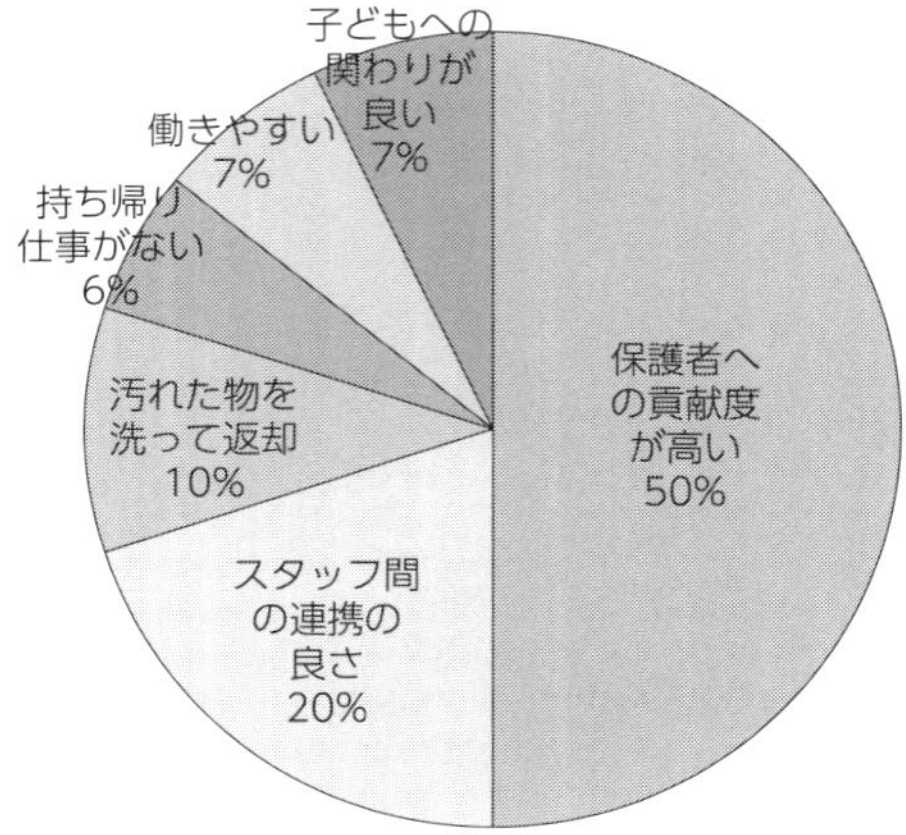

当園では『働くママの負担を減らす』をコンセプトに、食事で使用した食器や汚れた衣類は園で洗って清潔にして返却するようにしており、こういった取り組みに職員の共感が得られていることが分かったのは、嬉しかったですね。

またＥＳ改善のおかげで園の雰囲気がさらに良くなり、今後拡大に向けた事業展開に自信を持つこともできたのは、経営者としてとても大きな収穫でした。今後は会社の強みの部分もさらに伸ばしていきながら、ＥＳの継続的な改善に努めた取り組みを行っていきたいと考えています（取材内容はここまで）。

新卒者1年未満の離職率が非常に高い業界の中、ふぇありぃ保育園はこのＥＳの取り組みで人材の定着率が大幅に向上し、新卒者の離職も０％となった。また口コミで園の評判を聞き、採用面接に来る学生もいるという。その結果同業でも「人」の部分が競争優位性になりつつあり、さらに園の拡大戦略を実行予定だという。

11.　ＡＳＡ上石神井

「手間ひまをかける」を徹底するＥＳ経営

全ての業界で人手不足が深刻になってきているが、とりわけ運送や物流業界での人手不足は「必要な荷物が必要な時に届けられなくなる」など、全産業へネガティブな影響を与えかねない。

毎日当たり前のように届けられる「新聞」も同様ではないだろうか？

雨の日も、台風の日も、雪の日も、毎日欠かさず新聞を配達してくれる人たちがいるからこそ、私たちは朝夕に届けられた新聞を通じて、必要不可欠な情報を得ることができている。

東京都内で朝日新聞の販売店を４店舗経営するＡＳＡ上石神井（社長：渡邉彰氏）もＥＳの高い組織運営を行い、年間の離職率は３％と従業員の高い定着率を実現している。

新聞販売の業界においても、必要な人手を確保し維持していくための人繰りが重要な経営課題となる中で、ＡＳＡ上石神井はこの課題を乗り越えていくための有効なＥＳ経営を行っていることが、朝日新聞社と当社で協力して実施したＥＳ診断で検証することができた。

当社の１回目となるＥＳ診断の結果で、総合満足度が３・５０（５点満点）を超えるケースは非常にめずらしく、回を重ねるごとにスコアが上昇していき、数回目以降で総合満足度の３・５０をクリアーするというのが一般的な傾向であり、この基準をクリアーした会社を当社では、ＥＳグレートカンパニーとして表彰している。

ＡＳＡ上石神井においては、第１回目のＥＳ診断結果での総合満足度が３・６３と極めてハイスコアな結果となっており、ＥＳの高さ及び離職率の低さを裏付けるデータを確認することができた。

最後のＥＳ向上事例となるＡＳＡ上石神井においては、ＥＳ経営の成功要因を、第１部で紹介した図６ＥＳロジックツリー（Ｐ36）にある、５因子10要素からそれぞれひもといていくことにしよう。

■ビジョンへの共感（経営理念・方針、事業戦略・運営）

「手間ひまをかける」というシンプルな経営理念を掲げ、その徹底ぶりは素晴らしい。会議やミーティング等でこの経営理念が実践できているのかを常に全従業員で確認しながら、顧客に対してはもちろんのこと、ＥＳの視点から見ると従業員に対しても労を惜しまずに「手間ひまをかける」という経営理念を実践しているところだ。具体的な施策については、これ以降の項目で紹介していくことにしよう。

販売戦略としては、営業方法を訪問型から非訪問型へとシフトしている。従来の根性論的な訪問型の営業では時代にそぐわなくなっていることもあり、ドアノック営業からポスティング・電話・ネット・イベント勧誘など４つのアプローチ方法から非訪問型にシフトさせながら、かつ景品に頼らない営業へと進化させ同時に従業員の不要なストレスの削減も図っている。

また新規の売上拡大に向けて新聞以外の牛乳配達などの分野にも参入し、新聞購読が減少していく中でも将来の展望を示すビジョンの発信に向けても抜かりがなく、ＥＳ診断結果では従業員の賛同と期待が確認できるフリーコメントが散見されていた。

■マネジメントの適切さ（上司のマネジメント、人事評価）

社長を含め店舗責任者の評価対象である、上司のマネジメントの満足度スコアは、４・１２（5点満点）という驚異の結果になっていた。このスコアから言えるのは、上司のマネジメントが有効に機能し、会社の上位職がしっかりと従業員をグリップできていることを物語っている。

背景には朝日新聞社が販売店従業員を対象に実施している幹部向けの外部教育の受講だけにとどまらず、社長が店舗責任者と毎日顔を合わせコミュニケーションを取り行われるＯＪＴが教育となり、店舗責任者が社長の想いや考えをしっかり共有できているからこそ、ブレずに適切なマネジメントが展開できているのだろう。

毎年従業員と労働契約

Ａ（愛情）Ｉ（意思）シートという独自の人事評価シートと業務査定表によるポイント制を給与や賞与に反映する、という明快な人事評価制度を運用することで、よくある「人事評価の基準が不明だ」・「人事評価が公平でない」といった不満の芽が出ないような取り組みを行っている点は秀逸だ。

また最低賃金が更新される時期に合わせて毎年9月に、全従業員に対して給与規程の説明会を行っている。

従業員はどうしても給与明細の額や手取りといった一部分にだけ目がいってしまい、給与全体の中身について理解されず、それが原因で不平不満につながるケースがあるため、給与規程の説明を毎年1回丁寧に行い、会社としてもきちんとした対応を行っているということを全従業員に理解してもらっているという。

この説明後には労働契約に関する契約書に捺印をもらい、労働契約を全従業員と契約し直すことも実践している。

実際に経営者として、この労働契約の更新は緊張する瞬間でもあると言われていたが、このようにブラック企業とは正反対となるような真摯な行為を、毎年必ず実施することが、従業員から大きな信頼を獲得していることにつながっている。

■参画への充実度（仕事内容、自己成長）

ＥＳ診断で見られる仕事内容のよくある課題としては、「人による業務負荷のバラツキ」や「部署間の業務負荷の格差」が出現するケースが多く挙げられる。ＡＳＡ上石神井では毎年２回配達所要時間を計測し、人による配達時間や配達負荷のバラツキをなくすような施策に取り組んでおり、仕事内容でもＥＳを高めることに成功している。

日々のＯＪＴも含めた教育はさることながら、同社では３か月に１回の社長面談を実施する仕組みがあり、このような取り組みからも従業員の自己成長を喚起する機能が果たされている。また新聞販売店独自の制度としては、従業員が自分の店舗の経営者となる独立支援制度がある。これまですでに６名の従業員が実際に独立しており、このような取り組みも既存の従業員に対して、将来への希望を持たせることにつながっている。

■企業風土の最適さ（コミュニケーション、組織風土）

新聞には年に10回の休刊日があるが、その前日には毎回「絆会」という名の食事を兼ねた懇親会を正社員・アルバイトには実施している（パートは年２回）。

ここで従業員同士の親睦が深まり、日頃のストレスを発散するガス抜きが結果としてなされ、また明日からがんばっていこうという活力も生まれている。

これまでの項目での内容からも分かるとおり、経営理念・方針という上流から会社の価値観を浸透させながら、事業戦略・運営で今後の進むべき旗を掲げ、上司の適切なマネジメントを通じて現場へ落とし込み、人事評価で1人ひとりに真摯に向き合い、コミュニケーションで組織の血液循環をより良いものにしているからこそ、非常に好ましい組織風土が醸成されている。

特に組織風土の診断項目の中にある「感謝の気持ち」という項目がハイスコアとなっており、相互に感謝し合える高い職場風土が形成されている。

■就業環境の快適さ（職場環境、労働条件）

同社では5Ｓ（整理・整頓・清掃・清潔・躾）に力を入れており、ＥＳ診断のフリーコメントでも「全員が細かいところに気を付けて掃除しているだけあって、かなりキレイな販売店だと思います」といった従業員の生声が多数出現していた。

職場が荒廃すると従業員の心も荒んでしまうものだが、そうならないような5Ｓの徹底がきちんとされており、ＥＳ上も有効に機能している。

人事評価で紹介したとおり毎年全従業員と労働契約を結び直すことを行っているからこそ、残業や休日取得に関しても適切な管理がなされ、ＥＳ診断でも不満の声は確認されず、スコアもハイスコアとなっており、ホワイト企業と言っても良い労務管理が行き届いている。

また朝日新聞社とＡＳＡの福利厚生として、従業員が毎月積み立てる金額の半額を所属する

ＡＳＡと朝日新聞社が折半して補助する福利厚生の制度がある。ＡＳＡ上石神井では希望する全従業員に対しこの積立制度を支援しており、ＥＳ診断のフリーコメントでも「積立支援制度は貯蓄の苦手な自分にとって非常に助かりありがたいです」といった声が聞かれていた。

経営者と従業員との〝絆〟が一番のＥＳ向上要因

渡邉社長にこのようなＥＳ経営を推進してきた背景について尋ねると、次のようにとてもシンプルに分かり易く答えてくれた。

「基本的には自分が従業員だったらされて嫌なことはしない、自分がされて嬉しいことはやるという考えのもと、試行錯誤しながらこれまでやってきて、現在の組織運営ができるようになってきました。またこのようにＥＳをマネジメントすることが結果として、会社や経営者を守ることにもつながると考えています」

おそらくこのような「分かり易さ」が従業員にも十分伝わっており、ＥＳの高さにつながっているのではないだろうか。

逆に会社の方針や施策などが分かりにくいと、従業員の頭の中には？マークが増え、手待ちが生まれ、仕事の生産性はなかなか上がらず、ＥＳの低下も招いてしまう。

そう考えてみると「明快さ」というキーワードは、ＥＳを考える上で大きなポイントなのかもしれない。明快なビジョン、明快な指示、明快な評価など、従業員の？マークを減らすことは、会社に対する信頼残高を高め、ＥＳ向上につながっていくだろう。

また今後の抱負についてこのように話してくれた。

「今後も従業員の声なき声に耳を傾け、会社方針の店舗責任者への浸透をさらに強化しながら、全体的な意識レベルをもっと引き上げ、まだ十分伝わっていない細かなことまで徹底し、強い組織をつくっていきたい」

毎年、年末に行う会社の忘年会には、勤続10年以上の辞めた従業員（６名）も招待して実施しているという。従業員との絆をどこまでも大事にしようとしている渡邉社長の背中が語るメッセージが、ＡＳＡ上石神井における一番のＥＳ要因なのかもしれない。

第２部では11社のＥＳ向上事例を紹介してきた。各社それぞれＥＳ経営にコミットする目的や背景があり、また考え抜かれた施策なども学ぶことができ、貴重な事例だったのではないだろうか。

自社に置き換えて、トライできそうなものやＥＳ向上への取り組みに示唆が得られたなら幸いだ。

次の第3部では、さらにＥＳ向上に向けた汎用的な考え方や標準的な施策例などを紹介し、ＥＳ向上のさらなるヒントになる内容を示していきたい。

第３部　ＥＳ向上へ確実に導く10のメソッド

1. 経営理念の浸透なくしてESは語れない

経営理念はES上なぜ必要なのか?

ES診断後の様々な課題に対して、どのような施策を検討していけば良いのか、第3部ではES向上へ導く10のメソッドについて解説していきたい。

第1部で紹介した図6ESロジックツリー(P36)の1つ目の幹に当たる「ビジョンへの共感」は、ES診断で「経営理念・方針」と「事業戦略・運営」の2つの項目に分解して診断をしていくことになるが、実際に「経営理念・方針」そのものが存在していない会社はあまりない。

しかし「経営理念・方針」をしっかりと浸透させ、ES向上の支柱として機能させることができていないケースは残念ながら多く、当社のES診断で「経営理念・方針」がES上の課題として顕在化することがある。

従業員が会社に入社するということは、運命を共にする船に乗り込むことに等しいわけで、どこを目的地として目指し、どういった航路で厳しい大海原の中を進んでいこうとしているのか、従業員からすると重大な関心事であり、「経営理念・方針」は従業員にとって羅針盤として機能させるべきもので、ＥＳ上土台となる要素だ。

では自社の「経営理念・方針」をＥＳ上ベースとなる要素として、効果的に機能させるためにはどうすればいいのだろうか？

大きなポイントは「浸透性」だ。いくら「経営理念・方針」を明確にし社内に掲示したところで、浸透させることができなければ、しょせん絵に描いた餅でしかなく、羅針盤として機能させることはできない。では、どうやって「経営理念・方針」を浸透させていけば良いかということになるが、当社ではＥＳに取り組む企業に対して「経営理念体系」をまず策定することを推奨している。

一番上位にくる経営理念などは、社員からすると極めて遠い存在であり、これだけあってもなかなか浸透させることは難しい。従って経営理念から経営方針、そしてもっと現場にブレイクダウンさせるために、行動指針レベルまで落とし込み、その意味あいや背景についても文書化していく必要がある。

図９のように最上位にある経営理念から、整合性のとれた具体的な経営方針に落とし込み、経営方針を実

図9：経営理念体系

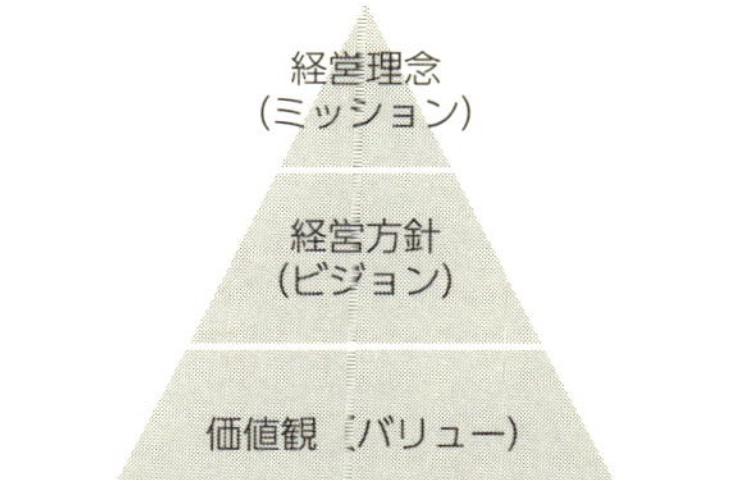

現する組織として必要な共通の価値観を定め、最後に現場での行動をイメージさせる行動指針を文書化することで、経営理念体系を策定することが大きなポイントになる。

この経営理念体系ができて初めて、自社の経営理念を浸透させるための仕込みが終わり、スタートラインに立つことができるのだ。

実際に運用していく際には、第2部の2.照栄建設株式会社の事例で紹介したハンドブックのようなものにまとめることを推奨する。当社がサポートする際は単にそれぞれの内容を文書化するだけではなく、なぜこのような内容が策定されたのか、その背景や意味合いをさらに文書化するような支援を行っている。

経営理念体系ハンドブックが出来上がったら、今度は全従業員に配布を行い、このハンドブックを基にした勉強会や、経営理念体系を自部署の仕事に置き換えると、どんな行動が必要なのか、グループワークを行うことで、徐々に

図10：経営理念体系の考え方

経営理念体系の構成要素	経営を航海に例えると
経営理念（ミッション）	厳しい荒波が待ち受けている「市場」という海の中に、なぜ何のために船（会社）を出すべきなのか、その果たすべき使命や大義名分は何なのかを明らかにする
経営方針（ビジョン）	厳しい航海の中で、この船（会社）はどこを目指すべきなのか、その目的地はどこなのか目指すべきゴールを明らかにする
価値観（バリュー）	目的地にたどり着くために、それぞれに性格や考えが違う人たち（従業員）をまとめるための、共通の価値観となる航海の心得や共通ルールは何なのかを明らかにする
行動指針（スタンダード）	上記のミッション〜バリューまでを従業員の行動レベルに具体的に落とし込むための、航海上の行動指針とは何なのかを明らかにする

従業員間での腹落ちが進み、経営理念の浸透が図れるようになっていく。

また行動指針などは、自社の従業員に求める行動そのものであることから、人事評価に反映させることでより浸透度を高めることができるようになる。

経営理念は本当に浸透しているか？

会社というのは、生まれも育ちも考え方も感じ方も、それぞれに違う人たちが集まり構成された言わば特殊な組織だ。

しかし会社の経営目標の実現に向け、一致団結していかなければならず、そのためには「経営理念体系」のように従業員を束ねていく支柱のようなものが、必要不可欠になる。

また人は物事を自分の都合の良い方に解釈してしまう生き物でもあり、会社としての共通の価値観が確立

図11：経営理念浸透度チェック

レベル	チェック項目	チェック	今後の対策
1	経営理念が明確になっているか？		経営理念を見直し、より明確なものに再構築する
2	経営理念が明確で、それを従業員は知っているか？		経営理念の掲示や唱和など、認知度向上の取組を実践する
3	経営理念を従業員は知っており、その意味するところを理解しているか？		経営理念の説明会・勉強会を実施し、経営理念の背景や意味合いを伝える
4	経営理念の意味するところは、従業員に理解され、日常業務に反映されているか？		経営理念を自部門の仕事に置き換え考えるとどんな行動が必要か議論し共通理解をつくる
5	経営理念が浸透し、組織風土となり、日常業務の規範となっているか？		一定期間的を絞って一つ一つ実践し体質化する

★チェック方法→　○：出来ている、△：どちらともいえない、×：出来ていない

していないと、社員が自分勝手な解釈をし、誤った不満をつくり出すことにもなりかねない。経営理念体系を策定し、自社の経営理念を浸透させることは、おのずとふさわしくない不満の芽を摘んでいくことにもつながるものだ。

ESマネジメントの第一歩は入り口の採用活動から

ESをマネジメントする第一歩はどこからかというと、実は入り口となる採用段階がその第一歩に該当する。

すなわち採用段階で、根本的な部分となる自社の経営理念体系を応募者に対して滔々と説明し、その内容に応募者が理解・共感・納得をした上で採用するというプロセスを踏まなければいけないのだ。

このプロセスを割愛し、労働条件など待遇面の説明がメインとなるような安易な採用活動を行ってしまうと、労働条件面でしかつながっていなかったため、採用後にミスマッチが起きてしまい、会社側・応募者共に不本意な結果となってしまう。

また根本的な経営理念体系の部分を理解できていない従業員に対して、上辺のES向上策を講じたとしても、大きな成果は期待することができない。

このように採用という入り口の段階でESをマネジメントしていくためには、その前提条件となる自社の経営理念体系が策定・確立されているかが大きな分岐点になる。そういったことも踏まえると、経営理念というのは単に額縁に入れ、社長室に掲示するためのものではない、経営管理上重要な意味を持つものだということが、あらためて理解していただけたと思う。

2. ＥＳに重大な影響を与える上司のマネジメント

上司の言動でＥＳは大きく左右される

ＥＳ診断を行うと当然会社ごとに結果は様々で、１００社１００様のＥＳの傾向が出てくるのだが、全ての会社が当てはまるわけではないものの、これまでの実施例から共通する大きな傾向がいくつか分かってきている。

その１つは「上司のマネジメント」というＥＳ診断項目が、ほとんどの会社で重要度の高いベスト３くらいに入ってくるということである。やはり私たちは働く上で、上司との関係性や上司の何気ない言動に大きな影響を受けながら、時にはやる気が上がったり下がったりし、これらがＥＳにも大きな影響を及ぼしていることが推察される。

フリーコメントを分析してみると、上司の仕事に向き合う姿勢や仕事の中で発揮する技術面にはむしろ高い評価をしている部分があるのだが、日頃の部下とのコミュニケーション面や関係性といったヒューマンスキルの部分で、マネージャーとしてふさわしくない言動があり、これらがＥＳ低下を招いている要因になっているケースが多く見られる。

尊敬できる上司の下で働くことはサラリーマン冥利に尽き、何気ない上司の一言で一念発起し仕事に向き合うこともできる。逆に上司のふさわしくない言動が原因で上司との関係性が崩れてしまうと、それがそのままＥＳの崩壊となり、不満退職の引き金を引いてしまう。

また上司の立場で考えても、過度に好かれる必要はないが、部下との信頼残高が高まっていないと、マネージャーとしての仕事はやりにくくなり、パフォーマンスも必然的に落ちてしまうので、ＥＳ診断項目である「上司のマネジメント」は上司にとっても高い方が良い。「上司のマネジメント」はＥＳ改善の観点から考えると、会社の仕組みや制度のようなテーマではなく、1人ひとりの管理者の行動が変われば改善できるという特性から、ＥＳ改善の難易度はそう高くない。しかし唯一ハードルになるのは、1人ひとりの管理者の行動変革をどう導いていくのか、という変革への動線である。

上司の変革を導く「マネージャーMQ」

ＥＳ診断で「上司のマネジメント」のスコアやフリーコメントから課題は浮き彫りになる

が、変革へ導かなければいけない管理者層に対して、「あくまでも全体の話で、自分には関係ない」と当事者意識を持たせられなかったり、従業員の声に素直に耳を傾けさせることができなかったりすると、結果として改善には至らないことになってしまう。

このようなハードルを解除していくために、当社では「マネージャーMQ」という管理者個人の行動特性を診断し、マネージャーとしてふさわしい行動特性を開発するためのアセスメント&教育プログラムを開発し、ES診断後の企業さんに提供している（第2部ES向上企業事例で紹介した、7.株式会社サニクリーン九州、8.仙台協立グループの中で、実際の活用事例や活用成果について示している）。

マネージャーMQは、マネージャーとして期待されている能力とES上相関関係の高い行動特性を6つの領域（達成志向・論理的志向・使命感・思いやり・発信力・受信力）に大分類し、さらに21の要素に細かく分解し、現時点での自分自身のマネージャーとしての能力の発揮度合いや行動特性を偏差値でスコア化し診断する。

これにより客観的にマネージャーとしての強み・弱みに気づき、今まで以上にマネージャーとしてのパフォーマンス&ES向上を実現するための自分のツボをシャープにつかみ、開発のための行動パターンを学び、自分自身の「マネージャーMQ」を開発するためのアクションプランをつくり実践をしていくことで、新たな行動特性を身に付けさせ自己開発を確かなものにするプログラムだ。

例えば、このマネージャーMQ21要素の中に「オープンマインド」という要素があるが、この要素のスコアが低い場合は、マネージャーが部下に対して自己開示をあまりしていないため、部下も同様にこの上司に対して自己開示をしようとせず、その結果、部下から上司に上がってくる「報連相」の情報量が少なくなってしまう。

このような事象から、上司としては得られる情報量が少ないため、指示が後手後手に回ったり、タイミングの良い介入や助言もできないため、マネージャーとして仕事がしにくい、またパフォーマンスが上がりにくい環境を、自分の「オープンマインド」が低いことが起因して自らつくってしまっているのだ。

マネージャーとしてやるべき行動が何なのかを頭

図12：マネージャーMQの21要素

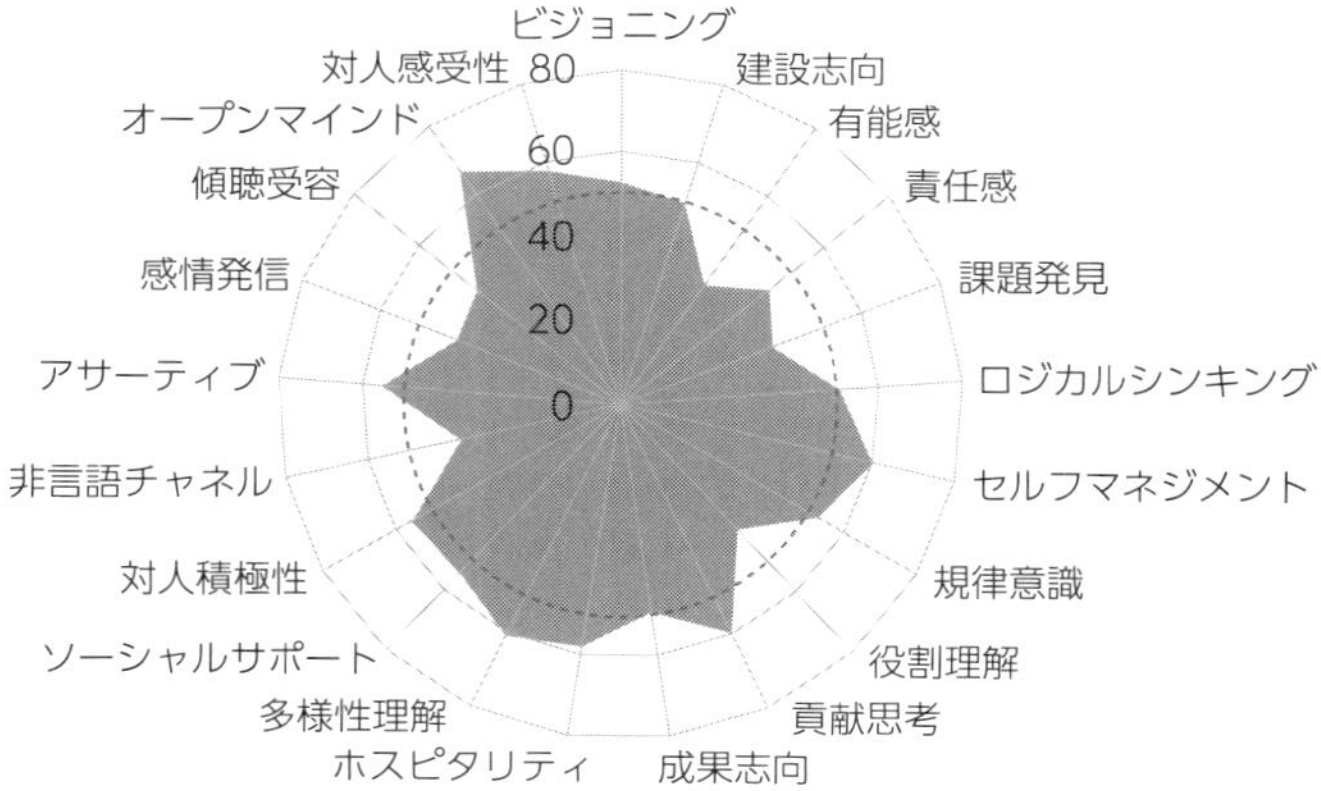

では分かっていたとしても、実際に行動として発揮できなければ、何の価値もないわけだが、このようなアセスメントの力を借りることで、「知っている」ことと「やっていること」の差異を知ることができるのだ。

ではこの「オープンマインド」を開発するためにどうすればいいのかというと、自己開示を発揮する行動をとるということになるのだが、例えば有効な具体的アクションとして、「部下に対して自分の過去の失敗談を話す」というアクションがある。

上司が部下に対して自分の過去の失敗談を話すことができれば、それを聞いた部下はその上司に対して自分の失敗を報告しやすくなり、その結果マネージャーが入手しないといけない情報がきちんと共有化でき、場合によってはその後、その失敗に対して指導まで行うことが可能になり、こうやってマネージャーはマネージャーとしての仕事ができるようになっていく。

あの管理職が変わってくれさえすれば……。精神障害に起因する労災申請の主な理由件数のトップは「上司とのトラブル」となっている。人が変わることは、そんなに簡単なことではないという側面もあるが、以下3要件がきちんと備われればそれが可能になる。

① インパクトがある（衝撃的で今までにない新鮮な気づきがある）
② 腑に落ちる（納得感が高く、自分の心にグサッと刺さる）
③ 変革のヒントがある（これから何をどうすればいいかイメージできる）

ちなみに「マネージャーMQ」のプログラムは、この3要件を満たし、管理者の自己変革を後押しするプログラムとして設計されている。

自分の「マネージャーMQ」をチェックしてみよう

上司に必要なマネージャーMQは十分に発揮できているかどうか、本来のマネージャーMQの診断は、WEB上で132問の設問に回答することで21要素ごとに偏差値でスコアを確認することができる。本書では簡易なチェックリストを掲載しているので、参考までに図13でセルフチェックをしてみてほしい。

セルフチェックの結果はどうだっただろう？ ふだん上司として必要なマネージャーMQが発揮できているだろうか？ マネージャーMQを適切に発揮

図13：マネージャーMQ簡易セルフチェックリスト

NO	チェック項目	はい	いいえ
1	自分自身や自部署の目標やあるべき姿を尋ねられたら、すぐに答えられる。		
2	どちらかというと、物事の明るい面を見ようとしている。		
3	仕事の指示をする際は、目的や背景についても伝えるようにしている。		
4	周囲から期待されていることなど、自分の果たすべき役割については把握しているほうだ。		
5	部下のちょっとした行動の変化に気づき、介入することができている。		
6	自分の考えを伝達する際は、手振り・身振りや表情も使っている。		
7	部下に対して自分のことは隠さずに、自己開示しているほうだ。		
8	話をしている部下の気持ちも、的確に推測できるほうだ。		

することができれば、周囲と良好な関係が築かれ、自分自身も管理者として仕事がやりやすくなる。

またマネージャーMQは開発が可能でもあり、先ほどのチェックリストのそれぞれのチェック項目に対する開発の必要性と開発のためのヒントを、図表14で示しているので参考にし、未開発領域の部分を開発しながら、効果的にマネージャーMQを発揮してほしい。

どんな仕事も自分ひとりで完結するものは極めて少

図14：マネージャーMQ開発のヒント

NO	マネージャーMQ要素	マネージャーMQ要素の意味	マネージャーMQ開発のヒント
1	ビジョニング	あるべき姿や達成すべき目標は何かを、常に明確にしようとしているか。	短期・中期・長期の自分自身や所属部署の目標を紙に書き出し、見えるところに張り出す。
2	建設志向	できない理由ではなくどうすればできるか、物事を建設的に捉えようとしているか。	自己会話の段階からポジティブな言葉を意識して使う。
3	ロジカルシンキング	仕事の指示出しなど、論理的に考え伝達しながら、相手に理解や納得感を得られる行動が取れているか。	何かをアウトプットしようとする際は、まず紙に書きだしてみて、自分の考えをしっかり整理してから、行動に移るようにする。
4	役割理解	周囲からの期待を察知し、自分の果たすべき役割を認識し、果たそうとしているか。	自分自身が周囲に与えている印象や期待について、周囲のメンバーに尋ね客観的に把握する。
5	ソーシャルサポート	他者のちょっとした行動の変化に気づき、支援の働きかけを行っているか。	部下の行動の変化に気づいたら、迷わずに声かけを行い介入する。
6	非言語チャネル	言葉以外の手振り・身振りなどを使いながら、自分の主張を相手に伝えているか。	部下へ自分の考えを伝える際、手振り・身振り・表情・話し方なども意識して使う。
7	オープンマインド	他者に対して心を閉ざすことなく、自分のことについて自己開示を行っているか。	部下に自分の過去の小さな失敗談を話す。
8	対人感受性	他者の言葉の裏側にある気持ちまでをきちんとつかもうとしているか。	話を聴く際相手の表情やしぐさから、相手の真意や気持ちを推測するようにする。

なく、やはりいろんな人の協力がないと完結しないものばかりである。まして上司という管理者の立場になればなおさらのこと。マネージャーMQはESという観点を外したとしても、上司として必須のスキルだと捉えても良いのではないだろうか。

3. 人事評価は一貫性と整合性が大事

人事評価に正解はあるのか

人事評価は、これが正解ですといった答えなどはやはりなく、100人いれば100人全員が納得するような人事評価制度をつくることはそもそも不可能なものでもある。

しかし人事評価制度を設計する際、これだけはやっておかなければいけないものが1つある。それは図10（P148）で示した経営理念体系との一貫性で、経営理念体系の中でも特に従業員の行動面に影響を与える「価値観」や「行動指針」との整合性だ。

経営理念体系はいわば会社の憲法のようなもの。だからこそ人事評価とリンクして然るべきものだが、実態は別ものとして考え扱われているケースが意外と多い。

原因としては、経営理念体系そのものが十分に確立されていなかったり、あるのはあるが抽象度が高く、現実味が乏しい内容になっていることが推察されるため、このような場合は、経営理念体系に戻った上で人事評価の内容を再考する必要がある。

経営理念体系の次に一貫性や整合性をとらなければいけないのは、経営計画・事業計画となり、それから能力や期待する行動特性といった順番で、人事評価制度は設計していく必要がある。

また人事評価はＥＳ診断上ある特徴がある。それは図７で説明したＥＳポートフォリオ分析で、人事評価は右下（満足度が低く／重要度は高い）か、左上（満足度が高く／重要度は低い）に出現しやすいということだ。

このような結果から推察すると、人事評価に対して不満が大きいと人は重要視をしたくなる度合が高くなり、人事評価に対して不満が小さい場合は「人事評価は、まあこんなもんだろう」ということで、重要度は高くならない傾向になりやすい。

しかし、ＥＳポートフォリオ分析の右上（満足度が高く／重要度も高い）に出現することはないので、決してＥＳ上の強みになる項目でもない。従って会社としては大きな不満因

図7：ESポートフォリオ分析

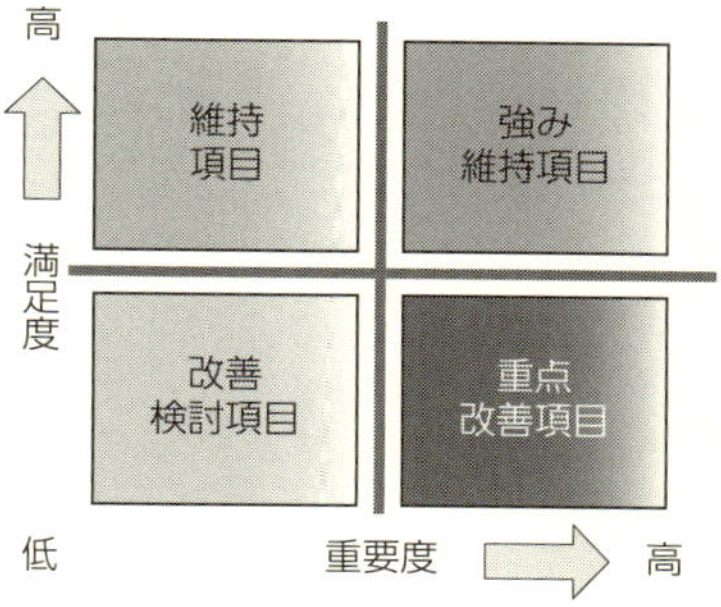

子をつぶしながら、ＥＳポートフォリオ分析の左上にもっていくような対応を考えていくべき要素だと捉えている。

ＥＳ型新人事評価方式を提案

人事評価の改善案の1つとして、人事評価の基準や評価方法を示した「人事評価シート」をより好ましいものに改善し、社員の納得感や建設的な行動を促すものに改善することができるＥＳ型新人事評価方式を、ＥＳ診断後の人事評価が課題となった企業に提案することがある。

従来の人事評価のやり方は５段階評価の場合、図15にある（上段）のように必ずどれかの段階に○を付けないといけないので、そもそも実態を反映した評価には成りにくい。（上段）の例でいくと被評価者は評価期間中１００％「３」ではないはずで、「４」の時もあれば、場合によっては「２」の時もあるかもしれない。

しかしどれかを選択しないといけないので、多くを占めていたであろう「３」という評価をせざるを得なくなる。多くの企業でこのような人事評価を行っていると思うのだが、この方式ではそもそも実態を反映したものにはならず、社員の納得感を上げることは難しい。

そこで弊社が提案しているのが、図15にある（下段）のようなＥＳ型の新人事評価方式で、従来のように一蓮托生でどれかの段階を無理に選択する評価ではなく、実態を反映させてそれぞれの段階に該当する比率（MAX：100％）を出し、評価基準と掛け算でポイントを算出するという評価のやり方だ。

この評価方式を（下段）で実施すると、（上段）では「3」という結果が、「3・4」という結果に変わる。被評価者からすると、この「0・4」ポイント数値が上がったことが嬉しいのではなく、4段階や5段階を少ない割合とはいえ、「きちんと見てくれた」＝「評価してくれた」ことが刺さり、これが動機づけのスイッチに成り得るのだ。

またこのような評価方式を採用することで評価者も良い点を見つけやすく、評価者・被評価者双方ともに繰り返してほしい行動にフォーカスできるようになり、ES

図15：従来の人事評価とES型新人事評価の違い

【従来の人事評価方式】

評価要素	評価基準					評点
	1	2	3	4	5	
CS（顧客満足）	CSを低下させ、クレームが発生していた	CSを低下させてしまうような業務対応があった	ある程度のCSを獲得していた	高いCSを獲得し、リピーターを増やしていた	高いCSを獲得し、顧客の紹介も獲得していた	
評価結果			○			3

◆実態に近い評価になかなかならず、納得感が得られにくい

【ES型の新人事評価方式】

評価要素	評価基準					評価ポイント
	1	2	3	4	5	
CS（顧客満足）	CSを低下させ、クレームが発生していた	CSを低下させてしまうような業務対応があった	ある程度のCSを獲得していた	高いCSを獲得し、リピーターを増やしていた	高いCSを獲得し、顧客の紹介も獲得していた	
評価結果	0　0	0　0	70　210	20　80	10　50	340

実態に近い評価が出来、繰り返して欲しい行動を促進できる

合計100点に分布

基準の係数を掛ける

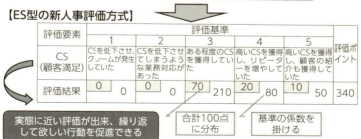

向上ひいては業績向上を実現するためのツールとして、人事評価を機能させることが可能になる。

人事評価を単に給与を決めるためだけの道具として見立てるのであれば、従来の評価方式でもいいのだが、ES向上という観点から従業員に承認報酬を与えたり、成長を促したり、また経営成果という観点から会社として従業員にとってほしい行動を量産させていくためには、従来のような評価方式に疑問を持ち、より目的に合致する方向で改善をしていく必要があると考える。

また最近のES診断事例として、正社員以外のパート・アルバイトの人事評価に対して、ES診断後に見直しを行うケースが増えている。どうしても人事評価は対象が正社員に限定されてしまい、パート・アルバイトは蚊帳の外になっていないだろうか？

パート・アルバイトへの人事評価の仕組みがないと何が起きてしまうのかというと、ベテランの従業員では10年経っても時給が変わっておらず、気づいたら最低賃金を下回って労基法を順守していなかった、というような事態に陥ってしまうのだ。

パート・アルバイトの人材獲得競争はすでに始まっている。また最低賃金は毎年10月に改定され、言うまでもないが年々上昇している。現在の時給が最低賃金を下回っていないか、また長年勤続してくれているパート・アルバイト従業員の時給について毎年はできなくとも、５年に1回など昇給の必要はないのか、このあたりも今後の人繰りを考えると、見直す仕組みが必須になってくるのではないだろうか。

4. 仕事のやりがい向上はES向上に比例する

仕事の報酬は仕事そのもの

いつの時代もやはり、〝仕事の報酬は仕事そのもの〟であると、著者は考えている。

実際これまでのいろいろな会社でのES診断のアンケートでも、「お客さんからの感謝の言葉が一番のやりがいになる」「上司からのねぎらいの言葉にまた次もがんばろうという気持ちになれる」など、それを裏づけるような生声が必ず出現する。

また「仕事内容」は、図６ESロジックツリー（P36）のほかの9要素と比較すると、緊急度の高い大きな課題となるケースは少なく、またESポートフォリオ分析では図7右上の強み維持項目に出現するケースも多く、このような結果から既存で働いている従業員は、今の仕事に一定のやりがいなどを感じている割合が多く、そうでない従業員はもうすでに退社しているケースが多いのではないか、という見立てをしている。

しかし、「仕事内容」に関して多くの会社において、ES上パーフェクトな結果とはいえず、ES上改善すべき部分もあり、この仕事内容でES上の強みの部分をしっかりつくりながら、自社のESを牽引するドライバーとしての機能を持たせることが有効だと考えている。

自分がやりたい仕事や、やりがいの高い仕事をみんながでできるわけでもなく、仕事の特性として特に間接部門のスタッフ業務など、仕事のやりがいを感じにくい職種も実際にはある。

単におもしろい仕事ややりたい仕事でなくても、自分たちの仕事の意味や意義または役立ちや貢献度が実感できれば、仕事の報酬は仕事そのものにも成り得るのだが、こういった仕事の意味づけや価値づけができていないと、従業員のやる気は下がり、やがてESも低下していくことになってしまう。

近年、会社を取り巻く経営環境のハイスピード化や競争激化の中、会社としても効率化を急ぐあまり社内教育のあり方も、仕事のやり方や手順などのハウツー教育に偏りがちになってしまい、本来自社での仕事における意味や価値また社会への役立ちや貢献といったものを、社員に対してしっかりと認識させるような教育が不十分なのではないだろうか？

世の中には人の役に立たない仕事など何1つ存在しない。自分たちの仕事は必ず誰かの何かの役に立っているものだ。ただ日々の業務に忙殺され、そういった認識が持てないことから、残念ながらそれは「仕事」ではなく「作業」で終わってしまっているケースも多いのではないだろうか？

有名な3人のレンガ職人の話にも出てくるように、同じ事にあたるのでも本人の持つ認識によって、大きく3つのレベルに分かれてくる。

従業員がどのような作業を行っていたとしても、それは全体の中で考えるとどれも大切で必要不可欠な仕事である。ただレンガを積みなさいとだけ指示され、作業をするだけの職人と、レンガを積み完成したことでどんな素晴らしい価値が生まれるのかを説明され、そのことの認識を持ってレンガ積みに取り組むのとでは、本人のやる気も生産性や品質といったパフォーマンスにも大きな違いが出るのは明白だ。

レンガを積むという1人ひとりが受け持つ作業の上に、どんな価値や役立ちがあるのかを経営者や管理職はしっかりと説明し、従業員が携わる仕事の意味や意義を十分に自覚してもらうことができれば、仕事の報酬は仕事そのものに成り得るのだ。

また会社の全従業員が3人目のレンガ職人のようなモチベーション

図16：仕事の3レベル

レベル	状態	3人のレンガ職人の例
作業	言われた事を単にこなしている状態	1人目：ただご飯を食べるためにしかたなくレンガを積んでいるだけ
仕事	その目的や意味を理解し、取り組んでいる状態	2人目：教会をつくる目的も理解しつつ、自分の腕も上げるためにレンガを積んでいる
志事	大きな使命を感じながら、やりがいを持って尽力している状態	3人目：たくさんの人が祈りを捧げ、みんなの幸せを見守る教会をつくるという、とてもやりがいのあることを成し遂げるためにレンガを積んでいる

で仕事ができるような状態をつくるためには、その根本となる「経営理念体系」の確立をしておく必要もある。

仕事の価値再認識ワーク

自分たちが日頃行っている仕事が、どんな意味や意義を持っているのか、仕事の価値を改めて再認識し、仕事へのやりがいを向上させる取り組みとして「仕事の価値再認識ワーク」、というワークをES診断後の企業に提案することがある。

これは自分たちが日頃行っている仕事の棚卸しを行い、それぞれの仕事に対して具体的にどんな価値や役立ち・貢献が存在し得るのかを、みんなで考え意見を出し合いながら、明確にし共有していくワークである。

このようなワークを通じて自分たちの仕事の価値や意義を初めて認識することができたという人も多く、内発的な動機づけを図る有効な手法だと考えている。

やり方としては、部門ごとに少人数でのグループをつくって行い、ディスカッション結果を模造紙やホワイトボードなどに書いてまとめて、会社全体

仕事の価値再認識ワークシート・例

仕事	どんな価値・役立ち・貢献があるか
電話応対	・お客様の疑問や不安の解消ができる ・会社のイメージアップをつくることができる ・CS（顧客満足）を上げることもできる ・新規顧客の獲得や、リピーターの増加に貢献できる

で発表すると非常に効果的だ。

このワークを実施した会社の従業員から、実施後のアンケートでこんなコメントが返ってきた。

「自分たちの仕事はこれまで正直雑用係だと思っていました。しかし、今日の仕事価値再認識ワークを行って、初めて自分たちの仕事の意義や価値を理解し見出すことができたので、これからは自分たちなりにもっと工夫しながら、本来の価値が出せるような仕事の進め方をしていきたいと思います」

私たちは自分の仕事の意義や価値が分かれば、またその重要性がしっかりと認識できれば、仕事への取り組み姿勢や発想がより好ましい方向に変わっていく。

日頃何気なくルーチンワークとして行っている私たちの仕事内容について、そもそもの原点や役割・使命を考え知ることで、モチベーションの源泉を得ることにつながり、ＥＳ向上もさることながら、仕事のパフォーマンスや経営成果の向上にもつながることが理解していただけたと思う。

5. 承認は最大の非金銭報酬

ES上コストパフォーマンスが高い承認報酬

人間にとって最も残酷な行為は「無視」されることだといわれている。この正反対にある行為が何かというと、「承認」するという行為にほかならない。

やはり私たちは顧客に感謝されたり、上司や同僚また部下から自分の仕事ぶりを認めてもらえたり、仕事を取り巻く人たちに自分の仕事や存在を承認してもらえることが、次の仕事の励みややる気スイッチとなり、これらが働く人にとって大きな非金銭報酬に成り得る。

承認するという行為に対してコストはかからず、難易度も高くないことを考えると、非常にコストパフォーマンスの高いES向上の打ち手の1つだと考えても良い。

ではこのようなコストパフォーマンスの高い「承認」という打ち手を具体的なアクションに落としていくためには、一口に承認といっても抽象的で漠然としているため、もう少し具体的に分解して考えていく必要がある。

これまでの当社でのES診断でのフリーコメントを中心にした膨大な言語データを解析していくと、この承認報酬を大きく5種類に分類することができた。

5つの承認報酬

①　存在の承認

これはそもそも、その人そのものの存在を承認することであり、具体的なアクションでイメージすると、次のような声かけになる。

「○○さん、最近元気良さそうだね」

「○○さん、最近疲れているんじゃない?」

このようなフィードバックがあると、自分の存在そのものを職場の仲間に認めてもらえているんだという安心感が生まれる。

②　プロセスの承認

これは仕事のプロセスそのものを承認することであり、具体的なアクションでイメージすると、次のような声かけになる。

「○○さん、その企画おもしろそうだね」

「○○さん、この業務大変そうだけどがんばってね」

このようなフィードバックがあると、自分の仕事に対して関心を示してくれているんだ、自分の仕事をちゃんと見てもらえているんだ、という自己肯定感が生まれる。

③　貢献の承認

これは仕事を通じて助かったことや、感謝すべきことを率直に承認することで、具体的なアクションでイメージすると、次のような声かけになる。

「○○さん、あの件助かったよ、ありがとう」

「○○さん、あのおかげでお客さんが喜んでくれたよ、ありがとう」

このようなフィードバックがあると、自分の仕事が誰かの役に立っているんだという貢献実感が生まれる。やはり思っていても言葉に出さないと、相手にとって承認→報酬にはならないので、具体的に言葉で伝えることが必要だ。

④ 結果の承認

これは仕事のパフォーマンスに対して承認することであり、具体的なアクションでイメージすると、次のような声かけになる。

「○○さん、今度の営業成績すごいね」

「○○さん、このコストダウン成果すごいね」

このようなフィードバックがあると、実際の成果についてきちんと認めてもらえた、評価してもらえた、ということで自己優越感が生まれる。

⑤ パーソナリティの承認

これは仕事以外のその人のパーソナリティに関する情報を共有し、承認することであり、具体的なアクションでイメージすると、次のような声かけになる。

「〇〇さん、この前のマラソン大会どうだった？」

「〇〇さん、この前の子どもさんの運動会はどうだった？」

このようなフィードバックがあると、自分のパーソナリティに関する部分を共有してもらえることになり、自分のことを理解してもらっている、という自己受容感が生まれる。

このような何気ない一言やフィードバックで、人は承認報酬という非金銭報酬を受け取ることができ、この報酬を受けたことでポジティブな感情が生まれ、仕事への前向きな思考や行動にもつながっていき、最終的にはＥＳを向上させる施策になる。

今すぐにでも実施が可能で、そして誰でもできる、しかもコストのかからないシンプルなＥＳ向上施策として、この承認報酬を満たす取り組みはぜひ実践に移してほしい。

またこのような承認報酬を会社や職場できちんと受け取ることができれば、昨今労務管理上で問題となっているメンタルヘルスの不調を予防することにもつながり、また逆にいうと、この承認報酬が会社や職場の中で欠乏していくと、ＥＳの低下だけにとどまらず、メンタルヘルスの不調も招いてしまうという調査研究結果も出ており、メンタルヘルス対策に成り得ることにも着目すべきだ。

自分が受けた承認報酬は、今度は相手に与えようと人には「返報性の原則」があるので、会社や職場で承認報酬が飛び交う風土を意識してつくることも考えてほしい。

ほめることが有効なメカニズムとは

承認するという行為と隣接しているものとして、以前から人を「ほめる」ことは大事だといわれてきた。

でもなかなかできない人もいる（著者も含めて）。ではなぜ、なかなかできないのかを考えてみると、その理由の1つに心理的な抵抗があるのではないだろうか？（ほめると調子に乗る、ほめると勘違いする、ほめると動きが遅くなるなど）。

ほめることがかえって、マイナスの影響を与えるのではないか、そんな心理的な抵抗があって、ほめるというアクションがなかなかできない（これ以外にも、照れる、恥ずかしい、といった気持ちの部分も影響を与えているかもしれない）。

しかしほめることがマイナスの影響を与えていることを、科学的に実証したものはあまりない。一方でほめることと脳の相関関係を調査してみたら、ほめること・ほめられることは、ともに脳を活性化することが分かったという。

・ほめる人⇓脳の前頭葉の活動が高まる

・ほめられる人⇓脳の線条体の活動が高まる
着目すべき点は、ほめられる人だけではなく、ほめる人の脳も活性化するという点だ。双方の脳が活性化し、パフォーマンスの向上につながるのであれば、もうほめない手はない。あとは何でもそうだが、習慣化していくためには、小さな目標を設定し、一定期間継続して繰り返していく必要がある。
・１日の中で１回は必ずほめる
・１日の中で１回は感謝の気持ちを伝えるなど
決して何か特別なことを行う必要はなく、ふだんの何気ない一言やフィードバックが承認報酬、ひいてはＥＳの向上にもつながることから、これらのアクションをぜひ実践に結び付けてみてほしい。

6. 部門間の連携を深めＥＳを高めるには

心の距離が遠くなると生産性は低下する

図６ＥＳロジックツリー（Ｐ36）の３つ目の幹にあたる「企業風土の最適さ」は「コミュニ

ケーション」と「組織風土」に分かれるが、ＥＳ診断でこの2項目に関してよく出現しやすい課題が、「部門間の温度差」「部門間のコミュニケーション不足」「部門間の連携不足」などである。

部門間の単純なコミュニケーション不足であれば、他部署のミッションや目標、苦労など、他部署のことをもっと知り合う機会（業務成果発表会など）や全部門を横断するプロジェクトなどをつくり、心の距離を近づける施策を考えると良い。

個人間でもそうだが、心の距離が遠くなると同じ日本語を話していても、心の距離が遠い相手にはなかなか自分の想いや考えが伝わない、というか受け入れてもらえない。「この前○○の件、言ってただろう、なんでやってないの？」「えっ、そうでしたか？　ちょっと覚えていません」というように要領を得ない会話となり、当然業務の効率など上がるはずはない。

より深刻な課題になると、業務の縦割りが進んできたことで生まれやすい「セクショナリズム」が形成され、同じ釜の飯を食う仲間であるはずなのに、自部署の利益優先で他部署のことには我関せずといった、ＥＳ上好ましくない風土や文化が出来上がってしまうケースがある。

このような風土や文化が形成されてくると、部門間のコミュニケーションもだんだん滞るようになってくる。この部門間コミュニケーションの不足が、やがて他部門へのネガティブな妄想を加速させていき、「○○部門はけしからん！」「○○部門への協力などしなくていい」となり、部門間の協力や連携などは困難を極め、挙句の果てにはお互いに足を引っ張り合ってしまうような関係に陥ってしまう。

こういったケースの課題解決のための施策として、ＥＳ診断後の企業に提案しているのが、チームビルディングワークだ。

チームビルディングワークでセクショナリズムを打破できる

これは自部門が、他部門に対して抱いている改善提案や要望また感じているストレスなど、今まで腹の中に溜めていた本音の部分をお互い率直に可視化し、明確になった事項について双方が解決に向けたディスカッションを行うようなワークである。

実際にこのワークを行ってみると、お互いちょっとした認識の違いやボタンの掛け違いが原因でストレスになってしまっているものや、業務上支障を生んでしまっていたことが分かる。またその場で簡単に業務フローを修正したり、相手の背景を知ることで、気持ちの面でのわだかまりも解決できるケースが意外と多い。

またこのワーク内で解決できないものは、相互に協力しながら改善

図17：チームビルディングワークシート

		○○部門へ				
		設計	製造	営業	総務	全体
○○部門より	設計	＼				
	製造		＼			
	営業			＼		
	総務				＼	
	全体					＼

していくようなプロジェクトにすると、これがきっかけとなりコミュニケーションルートが開設され、部門間の連携強化へと発展させることも可能になる。

7. 職場環境の改善でまずはスモールサクセスを

時間軸で分類できるESロジックツリーの10要素

ＥＳの構成要素については、第１部で解説した図６ＥＳロジックツリー（Ｐ36）にあるように10の要素があり、多面的に自社の実態を把握していく必要がある。

これまでいくつかの要素についてＥＳ向上のヒントを伝えてきたが、10の要素を時間軸で考えていくと、３つのカテゴリーにそれぞれ分類することができる。

■**短期的な改善項目**

□7.コミュニケーション、□9.職場環境、□10.労働条件などは、比較的時間をかけずに改善を行うことが可能な項目で、従業員からも目で見て分かる改善になりやすいものが多い。

■**中期的な改善項目**

□3.上司のマネジメント、□5.仕事内容、□6.自己成長などは、少し検討や施策実施などに時間を要するものが多い傾向にあり、改善計画が必要になる。

■長期的な改善項目

□1.経営理念・方針、□2.事業戦略・運営、□4.人事評価、□8.組織風土などは、検討や施策実施について時間を要するものが多く、改善までに長期的な視点が必要になる。

職場環境のハード面は妥当か？

特に短期的な改善項目となりやすい「職場環境」については、物理的な条件や予算のハードルがクリアーできればすぐに改善ができ、また従業員から見てもひと目で見てすぐに認識できる部分もあり、ES向上の実感を持たせやすい特長がある。

この「職場環境」は大きくハード面とソフ

図18：時間軸で分類できるESロジックツリーの10要素

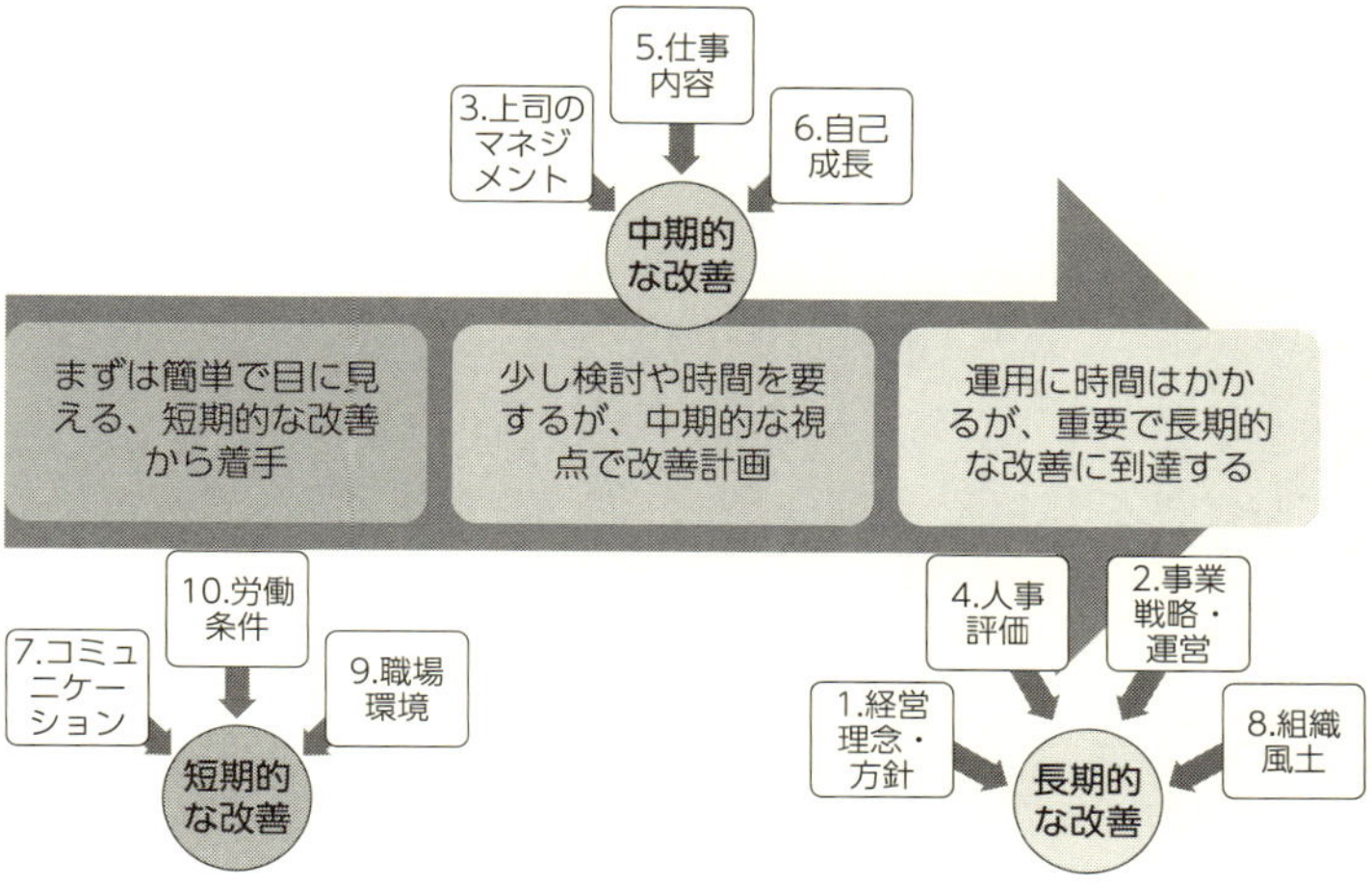

ト面の2つに分かれる。これまでのES診断の中でハード面として多いものは、パソコンなど情報機器の整備に関するものだ。例えばパソコンがそもそも足りていなかったり、古いスペックのもので作業効率が上がらないなどの声に対して、パソコンの増設や最新機器への入れ替えなどにつなげていく。

費用としても多額の予算を要するものではなく、またこれらの改善によって業務の効率化や時短にもつながることから、これを機会に整備しESだけにとどまらず業務の改善につながるケースも多い。

これまでに情報産業さんの事例として、パソコンのモニターを1人につき1台増設しダブルモニターで業務を行うやり方に変更したことで、飛躍的に生産性が上がり残業の削減にも寄与し、大きな改善に結びついた事例もある。

ほかにパソコンや情報機器以外でのハード面の課題としては、空調に関するもの、職場の動線に関するもの、収納に関するもの、喫煙に関するものなど様々な内容が出現するケースがある。

国でも「働き方改革」を強力に推進していこうとしており、企業規模を問わず生産性の向上は国策と言っても過言ではない。賢い職場環境の改善は、ES向上と生産性向上の両方を実現するような施策になる可能性があり、今とてもタイムリーな着眼点かもしれないので、自社の現状を振り返ってみてはいかがだろうか？

職場環境のソフト面は妥当か？

職場環境のソフト面で大きな課題となるのは、やはりハラスメントだ。

これも大きく分解するとセクハラとパワハラに分かれるが、ケースとしては後者のパワハラが出現頻度としては多い傾向にある。

ＥＳ改善の様々な努力を積み重ね、従業員との信頼残高を積み上げてきても、ハラスメントが起きてしまうと、全てが水の泡となってしまうので非常にもったいない。

またハラスメントは加害者と被害者の個人間の問題だけにとどまらず、使用者責任として雇用する企業にも損害賠償責任が及ぶケースもあり、ＥＳの崩壊だけにとどまらず大きな経営の機会損失につながることになりかねない。

ハラスメントを受けていると認識している従業員側も誤って過剰な捉え方をし、パワハラではないのにパワハラだと誤認しているケースもあり、ハラスメントに関する共通認識を全社で共有したり啓発を行う上でも、外部講師を呼んで研修会を企画するかＤＶＤ視聴など手軽にできる対応策もあるので、このような取り組みから実際のハラスメントや被害妄想的なハラスメントが生まれない職場環境は、意識して醸成していく必要があるのではないだろうか。

ハラスメント以外のソフト面の職場環境としての課題は5S（整理・整頓・清掃・清潔・躾）に関するものが出現するケースも見受けられる。職場が荒んでいくと、そこの職場で働く従業員の心や気持ちも必然的に荒み、ESの低下につながっていく。特に3S（整理・整頓・清掃）ができていないという内容がES診断で明らかになり、企業活動の基本でもある「5S」を改めて強化していく方向で、改善につなげていくケースが多い。

5Sができている会社というのは、小さな塵を発見することができるため、やがてそれが仕事の中でも小さな問題点を見つけることができるようになり、大きな問題になる前に早期に対応できることで、先手を打った経営活動を可能にし、これらが好業績を生み出す1つの要因になっていく。

要は5Sができている職場環境が、問題発見の感度を上げてくれるのだ。逆に5SができていないとESの低下だけにとどまらず、問題発見が遅れ後手後手の対応となり、様々な経営の機会損失につながってしまうため、5S強化はES向上と企業体質向上の両面につながる、効果的な施策の1つといえる。

また職場環境の施策として席替えが大きな効果を生んだ事例がある。管理職と部下のコミュニケーションが活性化するように、図19にあるような席替えを実施した事例だ。

図19左にあるような従来の古典的な威厳重視型の配席ではなく、右のように真ん中に管理職

を配席し、その周囲を部下が囲むようなコミュニケーション重視型のレイアウトに変更した事例である。

これによって「ちょっとマネージャーいいですか」という部下側からのコミュニケーションが起きやすくなり、管理職と部下のコミュニケーションが飛躍的に改善した。

図19では席替えの対象が管理職になった事例だが、新人や若手の育成を目的に、ターゲットになる従業員の両隣りに優秀な従業員を配置する席替えを行うと、必然的にターゲットになる従業員は、まじかで優秀な従業員の仕事ぶりが確認できるため、成長スピードが速まることもある。

ほかにも管理職のデスクの横に袖机や打ち合わせ用テーブルを並べると、自然と部下が相談に来れるようになり、上司と部下のコミュニケーションを活性化させる効果を生むこともある。

このように人が自然とコミュニケーションを起こしやすい環境を整備することも大きなポイントで、がんばらないとコミュニケーションがとれない環境下では、自然と人のコミュニケーション行動は低下し

図19：席替えの事例

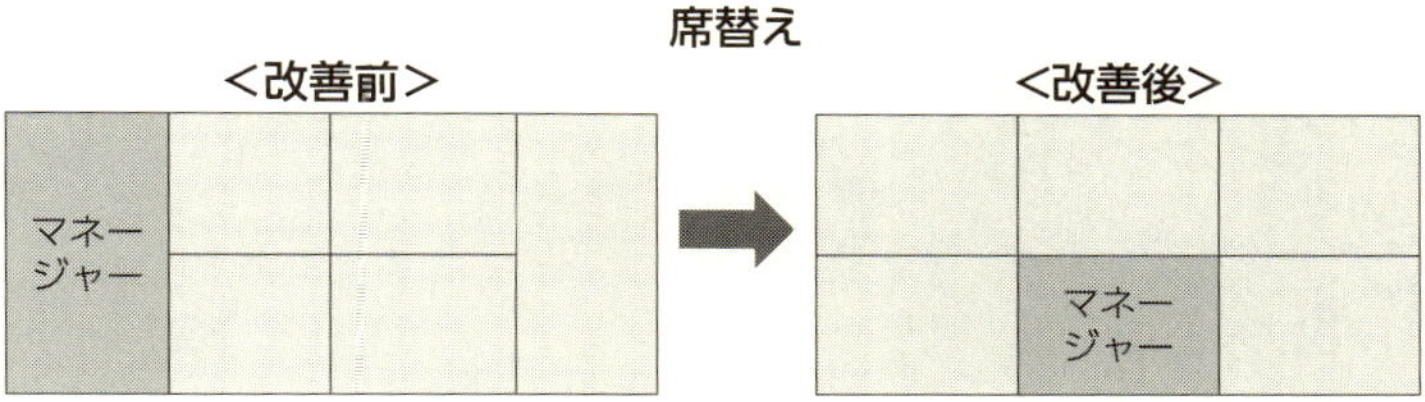

ていく。

これはＥＳだけに限った話ではなく、社員にどんな行動をとってほしいのか、その行動を量産させるためには、どんな環境・仕掛けが必要なのか考えていくと、まだ気づいていない様々な改善のアイデアが出てくるのではないだろうか？

8. 「働き方改革」でも必要な業務の効率化

年間19日分の従業員の貴重な時間を奪う犯人とは

昨今の人手不足を背景にＥＳ診断後の課題として、「業務の効率化」といった性質のテーマが最近挙がってきやすくなっている。

少ない人手であったとしてもパフォーマンスを落とせない、そうなると1人ひとりの業務負荷は重くなり、どこかでその歪みが生じてしまい、ＥＳの低下につながっていることが背景にある。

従ってマンパワーが足りないところでは、必要な人手をしっかりと確保していく採用活動は推進しながらも、一方で思うように採用ができないことも想定すると、業務そのものの効率化も同時に図らなければならない。

先ほど古いスペックのパソコンでは効率が上がらず、ES診断後にパソコンの整備を行うケースも多いと書いたが、先日ネット上で、「時代遅れで動きの遅い会社支給のパソコンは、年間19日分の従業員の仕事時間を奪っている」という記事を見かけた。

情報機器の不具合は多頻度で使用する働く人にとって、とてもストレスフルなものだ。

しかし壊れていないものを買い替えるとなると、もったいないという心理が会社や経営者には働いてしまい、ついつい古いスペックのテクノロジーを壊れるまで使い続けてしまう。

一方パソコンなどの情報機器は、技術革新が日進月歩で行われており、最新の情報機器を使用することで、私たちは様々な恩恵を受け、その結果業務の効率化や生産性の向上につながられることから、その機器の法定耐用年数（パソコンであれば4～5年）を目安に、むしろ買い替えをしていった方が、長期的には経営上プラスになることも考えられる。

紙詰まりするプリンターからアップデータが遅いソフトウェアまで、まだ壊れていないにしても老朽化したテクノロジーを使い続けることによって、従業員の貴重な時間が奪われ、その結果ESの低下や長時間労働また残業代の発生など、様々な経営の機会損失が生まれてしまうという現実を、私たちはもっと強く認識する必要があるのかもしれない。

業務の効率化を図る「ゴール明示の原則」

一般的なホワイトカラーの仕事というのは、仕事の遅れ・進み／良し・悪しがなかなか目には見えにくい仕事だ。

だからこそ生産性を管理することは難しく、気づかないところで問題が起きたり、非効率な仕事の進め方をしてしまうことがよくある。こういう事態を放置しておくと、生産性は上がらず残業や長時間労働といった、働き方改革の障害やES上の課題となってしまう。

このような非効率な仕事の進め方を改善していくために、「ゴール明示の原則」という生産性向上の考え方がある。

これは、個々の仕事の「ゴール＝完成仕上がり状態」をあらかじめ明確にした上で段取りを行い仕事に着手することで、仕事の生産性を高められるというものだ。

例えば、建物を建てるためには、建物の完成状態＝ゴールを図面という設計図で明確にした上で、必要な施工の工程を考え実際の仕事に着手する。

従って当たり前のことではあるが、実際にはこのゴールを明らかにした上で、やるべきことを明確にするという仕事の設計がなされずに、ゴールが不明なままやるべきことから考えてしまうことで、生産性が上がらない非効率な仕事の仕方をしてしまっているところが、私たちは多々あるのではないだろうか？

また、何か会議や打ち合わせを実施する時も同様に、ゴールが明確かどうかでこの会議や打ち合わせの生産性は大きく変わる。ゴールが単なる情報共有でいいのか、何か具体的な結論を出さないといけないのか、課題を抽出しないといけないのかなど、その会議や打ち合わせごとに多様なゴールがあるはずだ。

こういう場合、ゴールとして、ある特定の結論を出さないといけない会議や打ち合わせだったはずなのに、事前にゴールが明確にされ共有されていないと、単なる意見交換で終わってしまい、会議や打ち合わせを実施すること自体が目的になってしまい、結局2回・3回と会議を重ねないといけない状況に陥ってしまう。

このようなことが起きてしまうと、会議に参加する複数の社員の時間を同時に奪ってしまい、トータルで考えるととても大きな機会損失となる。

会議や打ち合わせを行うことは、ゴールではなくタスク（やるべきこと）なのに、ゴールが明確でないと、結果的に会議や打ち合わせを実施すること自体が目的になってしまうのだ。

ほかの仕事も同様に、仕事に取りかかる前にしっかりゴール（完成仕上がり状態）を明確にして取り組んでいけば、仕事の生産性は高められる。個人プレ

ある特定の結論を会議で出さないといけない場合	○：ゴールが明確なケース	×：ゴールが不明なケース
	参加者がゴールを意識できるので、１回の会議である程度の結論を出すことができる。	参加者がゴールを意識できないので、単なる意見交換で終わってしまい、その後２回・３回と会議を重ねないといけなくなり、参加者の時間を浪費。

ー的な仕事もそうだが特にチームプレーで行う仕事などは、そこに関わるメンバー全員の時間効率が上がるので生産性向上の成果は大きい。

また上司が部下に仕事を指示・依頼する際に、上司側からしっかりとしたゴールを明確にして依頼すること、また部下が上司から仕事を受ける場合ゴールが何なのかをその上司としっかりすり合わせをし共有することで、仕事の手戻り・手直しは大幅に削減される。

仕事はタスクありきではなく、ゴールありきなのだ。やるべきことから入っていくとポイントを外したり、ムリ・ムダ・ムラが発生し、結果として非効率的な仕事の進め方をしていくことになってしまう。

まずはゴールをしっかり明確にした上で、それからタスクを棚卸ししてから取りかかると、生産性の高い仕事ができるようになり、仕事の質自体の精度を高めてもくれる。

そのためには1つの仕事に対して、頭の中でゴールやタスクをいろいろ考えるだけではなく、まず紙に書いてみることも推奨する。紙に書いてみることで、自分の考えが整理でき検討不足だった部分に気づくことができ、生産性の高い仕事の設計ができるようになってくるからだ。

業務指示は極力午前中に

職場の中で業務指示や業務依頼を行う場合、業務効率の観点から極力午前中に行うことが望ましい。

私たちは日々自分自身のコア業務以外に、他者から依頼される様々な業務依頼や雑用によって仕事は中断され、集中が切れることで、生産性の向上が難しくなる場合が多々あるからだ。

また特に上司から終業間際に業務指示が下りてくると、たとえその内容が緊急性を伴っていないものであったとしても、上司からの指示・依頼ということで早めに処理しようとし、それが結果としてしなくてもいい残業になってしまうこともある。

従って業務指示や業務依頼は極力午前中に行う意識を持つことが、双方の仕事の生産性を高めることにつながっていく。緊急を要するもの以外については、午後３時以降の業務依頼・業務指示を禁止するような社内ルールを運用している企業の事例もあり、実際に生産性向上の成果にもつながっている。

生産性向上のためには、仕事の受け手にもポイントがあり、１日の中であえて業務依頼や雑用を行う時間帯を自ら決め、こちらから積極的に自分への業務依頼がないかあらかじめ声かけをしながら確認し、自ら決めた時間帯でこれらの内容を行うことで、本来のコア業務を周囲に邪魔されず高い集中力で行うこともできるようになる。

9. 組織の動脈硬化を回避する情報の共有化

コミュニケーションの決定権者は誰?

ＥＳ診断の結果「情報の未達」が、ＥＳ上改善すべき課題となるケースがある。

一言で「情報の未達」といっても抽象的で各社異なった性質のテーマが挙がってくるが、大きなところでいくと経営方針が伝わっていない、身近なところでは作業指示が伝わっていないなど、組織を機能させるために必要な血液とも言える「情報」がきちんと隅々まで行き届いていないことが、従業員にとっては会社に対する不満や不信の原因となり、ＥＳ上の課題となるケースが意外と多く見受けられる。

必要な「情報」が末端まで行き届かないことは、単にＥＳの低下という影響だけにとどまらず、組織の動脈硬化を引き起こし生産性やＣＳまた品質面など、パフォーマンスの低下にもつながる恐れがあり、たかがコミュニケーションというなかれ、重く受け止めなければならない要素だともいえる。

このようなＥＳ診断結果を確認した経営者や管理者からは、「これまで言ってきているのになぜ?」「いろいろとやっているのになぜ?」と?マークが頭に浮かんでいるようだが、まさしくこのようなギャップをＥＳ診断の結果で明らかにし、埋める作業が必要になってくる。

ここで認識しておかなければならないのは、コミュニケーションの決定権者は、発信側ではなく、受信側にあるというコミュニケーションの大原則だ。

従って経営者や管理者が発信した内容を、受信したであろう従業員が「知らない」「聞いていない」という状態になっていれば、それは言っていないことと同じことなのだ。

先日ＥＳ診断を実施した某社でも、経営ビジョンは存在しているにも関わらず、従業員サイドにはきちんと伝わっておらず、「当社には経営ビジョンがない」という誤った認識になっており、このようなことが原因で会社に対する「信頼残高」が低下し、ＥＳにも悪影響を及ぼしているケースがあった。

存在していないのならまだしも、存在しているにも関わらずそれがうまく伝わっていないため、「無い」という誤った認識になりＥＳ低下を招いてしまうのは、とてももったいない話だ。

また、インターネットやＳＮＳなどの普及により、会社以外の多種多様で膨大な情報に私たちは日々さらされており、ややもすると会社が従業員に届けるべき情報が、これらのノイズによって埋没してしまっている側面も考えられる。

このような背景から自社の従業員に本当に必要な情報が到達しているのかどうか、私たちはもっと危機感を持つ必要があるのではないだろうか。

「伝達」の漢字の意味もよく考えると、「伝」えたことが相手に「達」することで初めて伝達したと言えるのであり、仮に一度説明したり文書で通知したとしても相手に達していなければ、伝達したというアクションにはならず、単に一方通行で発信したにすぎないことになってしまう。

情報共有は信頼や承認の証

会社の中で情報共有の格差が生まれると、情報共有されていない立場の従業員からすると、「自分は信頼されていない」「承認されていない」というネガティブな受け止め方になってしまい、ESには決して良い影響を与えない。

やはり必要な情報を従業員にしっかり届けることは、従業員に「自分は信頼されている」、また「承認されているんだ」といったポジティブな認識を持たせることにつながり、ES上も好影響を与える。

また必要な情報があれば、従業員も自ら考え動くという主体性を発揮しやすくなり、経営者が考えている以上に様々な効果を生んでくれる。

第2部の冒頭で紹介した星野リゾートでは、各ホテルや旅館で実施する月1回の経営会議に、パート・アルバイトのスタッフも参加できるような運営になっており、情報格差が起きない仕組みが整備されていた。

これにより情報が共有されていないという不満は生まれなくなり、また経営の意思決定のプロセスを現場の従業員にも理解してもらうことで、なぜこのような施策が決まったのかその背景や理由を理解してもらうことで不要な不満が生まれないようにし、かつ従業員の主体性を発揮させている。

人は正確な情報を持っていなければ責任ある仕事をすることはできず、逆に正確な情報を持てば責任ある仕事をせずにはいられなくなる。

現場に下りてくる施策しか知らされないと、「誰かの思いつきで決まったのではないか？」や「何でこのような施策になったのか？」という違和感や不要な不信を生んでしまう。

現場で実行してほしい施策の真意がきちんと伝わらないと、従業員を動機づけることが難しくなり、期待するパフォーマンスも上がらなくなってしまうが、こういうことは日常よく起きている事象ではないだろうか？

情報共有のツール

情報共有の確実性を高めることは、業務の円滑化やＥＳ向上などの様々な効果を生むことから、今まで以上に汗をかくべき経営管理の１つだと認識し、情報共有の質や量を向上させる必要がある。

そのためのアクションとして、星野リゾートの事例のように、会議などでお互いに顔を見て膝を突き合わせて情報共有するやり方がベストなのは言うまでもないが、可能な範囲で情報共有の機会や仕組みを充実・整備させることを推奨したい。

しかし、24時間稼働している製造業や長時間営業している小売業や飲食業などは、早番・中番・遅番などで全員が一堂に会することが難しい会社もある。

このようなケースでは、ツールを活用して情報共有を図っていく必要がある。そのためのツールとして活用事例が多いものに社内連絡報や社内報がある。ES診断後に改善がうまく進みES向上に至っている会社のほとんどで、社内連絡報などのツールをうまく活用しているケースが、共通事項の1つとなっている。

第2部のES向上事例で紹介した離職率0％の店舗が出始めた小売業のタカヨシも、ES診断後に結果を全従業員にフィードバックするために新規で社内連絡報を作成し、その後ESの改善状況もこの社内連絡報でアナウンスしながら、ES向上へしっかりとつなげている。

その後この社内連絡報をバージョンアップさせながら、全従業員数は1100名を超えているが、現在は全従業員の自宅へ送付する配布方法に変更しており、従業員のみならず従業員の家族をも巻き込んだ情報共有へと進化させている。

経営者は日々空中戦を闘い、現場の従業員は日々地上戦を闘っていることもあり、経営者と従業員ではやはり見ている景色が違う。

しかしこの違いが拡大していけばいくほど、大きなギャップや埋め難い溝が経営者と従業員の間にできてしまい、やがて組織として機能しなくなってしまう。

ＥＳ診断を通じて経営者・管理者は自社の従業員がどんな景色を見ているのかを理解し、それを踏まえた上でどのようなアプローチが有効なのかを考えなければならない。また従業員に理解してほしい会社の方針などを改めて発信し届けることで、従業員の目線を上げさせ、見るべき風景合わせを行う必要があるのだ。

このような根本的な観点からも、情報の共有化は私たちが考えている以上に重要な役割を担っており、またしっかり汗をかき、丁寧な運用がないと効果性を高めることが難しいということを理解した上で、必要なアクションを検討しなければならない。

10. 従業員1人からできるES向上とは

ESは決して自己満足を追求するものではない

これまで本書では、ESの必要性や向上のために何が必要なのかを書いてきたわけだが、ESは会社や組織が一方的に改善しなければいけないといった印象を、ひょっとしたら抱かせてしまったかもしれない。

順番からいくとやはり「賢を招くには先ず隗より始めよ」で、従業員からではなく会社から、現場からではなくトップからとなるのは間違いない。

また衣食住足りて礼節を知るように、会社に対する大きな不満や不信が募りESが低下していくと、従業員は聞く耳を持たなくなり、笛吹けども踊らずとなってしまうのは明白なため、会社として取り組むウェイトが多くを占めることにもなる。

しかし、ESはそもそも自己満足を追求するものではないのだ。

従業員満足から顧客満足をつくり会社満足へとループさせ、会社を取り巻く全てのステークホルダーを良しとしていくために取り組むべき経営活動だ。

だからこそESに取り組む中で末端の従業員が、CSや会社の経営成果についても考えていけるよう、ESの成熟度も高めていかなければならない。

そして、ESは従業員1人ひとりがつくるものでもある、という認識を根付かせていくことも必要だ。

気持ちのいいあいさつを行う、感謝の気持ちを言葉で伝える、仲間に関心を示す、仲間の話を傾聴する、困っているときは助け合う、主体性を発揮する。

このような従業員のふさわしい行動が職場で増えると、ESは確実に向上していく。逆に職場で従業員の行動そのものがふさわしくなければ、必然的にESは低下していく。

このような意識を従業員にも浸透させようと、「明日からあなたはES向上のために、何をやりますか？」このような投げかけをESアンケートで行ったり、ES向上のための個人別の年間目標やアクションプランを設定したりしながら、運用している企業事例もある。

お互いを思いやる返報性

経営者や上司は、今従業員の状態がどうなのかを理解しようとし、従業員は経営者や上司が自分たちにどんな期待をし、今何に重きを置いて経営活動を行おうとしているのか、お互いがお互いをこのように思いやる組織風土や企業文化をつくることが、ＥＳの目指すあるべき姿の１つだと考えている。

人には、自分にしてもらったことは今度はお返しをしよう、という返報性がある。

「会社が従業員のために何をしてくれるかではなく、従業員が会社を取り巻くステークホルダーのために何ができるかを問おうではないか」

このような声が現場から上がってくる、ＥＳの高い組織づくりに、これからも尽力していきたいと思う。

そして、「自分の子どもを入社させたい」と思えるような、従業員が大切にしたい誇りや愛着に溢れた会社が、日本中に増え続けていくことを心から願いたい。

おわりに……ESが当たり前の時代に

当社は２００７年に日本初となるＥＳ（従業員満足）に専門特化したコンサルティング会社として創業し、好景気・不景気、人手余り・人手不足に関わらず、会社経営においてＥＳが重要なマネジメント項目であるというポリシーで、事業展開を行ってきた。

どうしても後回しになりがちなこのＥＳの部分に焦点を当て、有効な改善活動につなげ会社と従業員の双方にとって、最適なＥＳをマネジメントしていただきたいという想いで、これまで首尾一貫してＥＳに関する啓発やコンサルティングに奔走し、気がついたら10年の歳月が過ぎていた。

10年前に起業した時は、「ＥＳをテーマにしたビジネスをしていくとは無謀だ！」といったご意見をよくいただいたものだが、まさしくそのとおりで、当時は今ほどＥＳの話がすんなりと受け入れてもらえるような素地はなかったものだ。

またＥＳに専門特化しビジネスにしていこうとする会社は創業時に皆無だったからこそ、当社が日本初となるＥＳの専門コンサルティング会社である所以となった。

あれからＥＳを商品ラインナップの１つのメニューとして揃え始めたコンサルティング会社は増えてきているが、ＥＳに専門特化した会社としては、10年経った現在も当社が唯一無二の会社であり、ＥＳのテーマに関しては並々ならぬ情熱を傾け、確たるノウハウを昇華させ続けているという自負はある。

そこで、10年という歳月の中で蓄積してきたＥＳのコンサルティングノウハウの一部を書籍にすることで、また新たなＥＳの啓発や貢献ができるのではないかと考え、３冊目となる本書を出版するに至った次第だ。

現在、自社にいる従業員は、全国に何百万社とある会社の中から縁あって自分たちの会社を選び、入社してきた仲間たちだ。その従業員の幸せを願わない経営者など1人もいないと私は思う。しかしながら一方で、今月の利益確保や目の前の課題の解決に奔走しないといけない部分もあり、従業員の心情にはなかなか目が向かない側面があるのも、また現実ではないだろうか。

これまでＥＳは経営管理上「緊急ではないが、重要なこと」という表現を使って説明していたが、近年及びこれから長らく続いていくであろう超人手不足の経営環境を考えると、そんなのんきなことは言っておられず、まさに「緊急で、重要なこと」になりつつある。

ＥＳを考えることは特別なこと、すなわちプロジェクトではなく、日常当たり前のルーティンとして認識されるまでもう少し時間はかかるかもしれないが、そういう世の中にしていくために、これからもＥＳの専門コンサルティング会社として、当社がその一翼を担いたいと考えている。

本書を作成するにあたり、ＥＳ向上の事例掲載に快諾いただいた当社のクライアント企業の方々など、実に多くの方にご協力していただき、本書がたくさんの方々の手によって創られたことに深く感謝し、筆をおきたいと思う。

２０１７年9月吉日

志田　貴史

［著者紹介］

志田貴史（しだ・たかし）

株式会社ヒューマンブレークスルー　代表取締役。

1972年生まれ。福岡大学法学部卒業後、上場大手メーカー、経営コンサルタント会社を経て、2007年に「ES向上から経営の好循環サイクルを創る」をテーマとした企業支援の事業展開のため、日本初となるESに専門特化したコンサルティング会社である、株式会社ヒューマンブレークスルーを設立し、代表取締役に就任する。

創業から現在まで首尾一貫して、ESに専門特化したコンサルティングに注力しており、中小企業から上場企業や大企業まで、様々な業種・業界で豊富な実績があり、日本全国でESの講演やコンサルティングを展開しながら、近年ではESの専門家養成事業にも携わる。

主な著書に『会社の業績がみるみる伸びる社員満足（ES）の鉄則』（総合法令出版）、『顧客と会社を幸せにするES（社員満足）経営の鉄則』（中央経済社）がある。

［お問い合わせ］
公式サイト：http://www.human-breakthrough.jp/
E-mail：info@human-breakthrough.jp

ESで離職率1％を
可能にする人繰りの技術

二〇一七年一一月二七日　第一刷
二〇一九年一二月九日　第二刷

著　者　志田貴史
発行者　神田和花

発　行　太陽出版
東京都文京区本郷四－一－一四
TEL（〇三）三八一四－〇四七一
FAX（〇三）三八一四－二三六六

印刷・製本　株式会社　公栄社

ISBN 978－4－88469－922－2